扬长激潜　最优发展

YANGCHANG JIQIAN　ZUIYOU FAZHAN

于新良　著

中国海洋大学出版社

· 青岛 ·

图书在版编目（CIP）数据

扬长激潜，最优发展 / 于新良著 . -- 青岛：中国
海洋大学出版社，2023. 6
ISBN 978-7-5670-3530-0

Ⅰ. ①扬…　Ⅱ. ①于…　Ⅲ. ①教育生态学　Ⅳ.
①G40-056

中国国家版本馆 CIP 数据核字（2023）第 111115 号

出版发行	中国海洋大学出版社
社　　址	青岛市香港东路 23 号　　　　邮政编码　266071
出 版 人	刘文菁
网　　址	http://pub.ouc.edu.cn
订购电话	0532‑82032573（传真）
责任编辑	林婷婷　　　　　　　　　　电　　话　0532‑85901092
印　　制	青岛国彩印刷股份有限公司
版　　次	2023 年 6 月第 1 版
印　　次	2023 年 6 月第 1 次印刷
成品尺寸	170 mm ×240 mm
印　　张	13. 25
字　　数	210 千
印　　数	1 ～ 1 000
定　　价	50. 00 元

目 录
CONTENTS

第一章　育人理念 …………………………………………………………1

　　第一节　"双减"背景下的校园新生态 …………………………………1

　　第二节　培育扬长教育文化的思考与实践 ……………………………5

　　第三节　构建有利于学生最优发展的优良教育生态

　　　　　　——教育生态学视角下的教育实践 ………………………11

　　第四节　基础教育的价值追求——提升学生校园生活品质 …………17

　　第五节　育班级新生态，创集体新生活 ………………………………20

第二章　德育生态 …………………………………………………………25

　　第一节　扬长厚德，培养能够担当民族复兴大任的时代新人 ………25

　　第二节　扬长教育德育模式 ……………………………………………30

　　第三节　传承中华优秀文化，培育民族文化基因 ……………………38

　　第四节　创建国际生态学校 ……………………………………………47

　　第五节　实施海洋生态教育 ……………………………………………52

　　第六节　在劳动教育中扬长增能

　　　　　　——姜哥庄小学劳动教育实施方案 ……………………………56

第三章 课程与教学生态 ·· 61

　　第一节　扬长教育课程 ·· 61

　　第二节　树立大课程理念,立体化开发课程资源 ············ 65

　　第三节　课后服务课程打造全面育人新天地 ·················· 68

　　第四节　立足地域文化,开发乡土课程 ························· 70

　　第五节　"生态·高效"课堂 ·· 74

　　第六节　探索"六学三导"生态、高效课堂模式 ············· 78

　　第七节　开展"类型化"教学研究,深度开发学科育人价值 ····· 86

　　第八节　项目式学习 ·· 90

第四章 管理生态 ··· 97

　　第一节　扬长教育视域下的学校管理内涵 ····················· 97

　　第二节　构建和谐共进、健康向上的人际关系 ··············· 100

　　第三节　变革管理——走向生命自觉 ·························· 106

　　第四节　夯实常规管理,向管理要质量 ························· 109

　　第五节　双线并举,综合融通,共育新人
　　　　　　——崂山区石老人小学以党建促育人工作案例 ····· 114

第五章 家校共育生态 ··· 117

　　第一节　扬长教育理念下的家庭教育认识 ····················· 117

　　第二节　着眼于发展学生核心素养的家庭教育 ··············· 122

　　第三节　健全家校社协同育人机制,形成稳固的教育生态合力 ····· 124

　　第四节　化危为机,在疫情防控常态化背景下提高育人质量 ····· 128

第六章 智慧教育生态 ··· 132

　　第一节　构建基于"教育＋互联网"的智慧教育新生态 ····· 132

　　第二节　信息技术赋能,教学提质增效 ························· 135

第七章　学习感悟 ·· 149

    第一节　读经·悟道 ··· 149

    第二节　赴英国教育培训、考察报告 ······························· 153

    第三节　一路芬芳一路歌——全国小学创新发展高峰论坛学习收获 ·· 159

    第四节　《重建教师的精神宇宙》读后感 ························· 162

    第五节　"大自然"教育观引领下的生态式教育 ················ 164

    第六节　让教育回归自然 ··· 167

    第七节　新加坡国际科普剧大赛参赛杂记 ························· 170

    第八节　一个都不少的精彩才是真正的精彩

            ——举行六一儿童节庆祝活动有感 ·················· 172

附　录 ·· 174

  立体化开发资源，为小学语文教学注入源头活水

    ——《小学语文教学资源的开发与利用研究》结题报告 ········ 174

  构建优良教育生态，让每一个儿童得到最优发展

    ——中国教育学会"十三五"科研课题《生态教育发展学生

    核心素养实践研究》结题报告 ···································· 189

第一章
育人理念

第一节 "双减"背景下的校园新生态

2019 年 6 月 23 日,《中共中央国务院关于深化教育教学改革全面提高义务教育质量的意见》指出,"营造良好生态。全党全社会都要关心支持深化教育教学改革、全面提高义务教育质量工作"。《关于进一步减轻义务教育阶段学生作业负担和校外培训负担的意见》要求"构建教育良好生态……促进学生全面发展、健康成长"。

"双减"时代背景下,要把学生从过重的课业负担和校外培训负担中解放出来,实现提质增效,培养学生的创新精神和实践能力,就需要加大对学校教育生态的理论研究,以教育生态学的视角审视学校教育,将校园、班级、课堂、家庭、社会看作一个个生态系统,探讨全域新生态的特征和互动机制,同时借鉴多元智能理论、成长型思维理论、项目式学习理论等,发展学生核心素养,促进教师专业化发展。培育优良的教育生态,让学校生态发展,让校园焕发生命的活力,已成为"双减"背景下时代对教育的呼唤。

现实教育生态中有太多的失衡现象,在应试教育大行其道的校园生态下,教师、家长往往过分关注学习成绩,对学生求全责备,要求苛刻,存在盯着学生的缺点多、弥补短板多、打击自信多的现象,造成教师和家长辛苦、学生痛苦,影响了学生的身心健康和实践创新精神的培养。2009 年以来,上海等地的学生参加了多次 PISA 测试,从数据分析看,虽然测试成绩在国际上排名靠前,但我国学生学习时间长、学习效率低,因为负担过重导致幸福感低,解决问题能力、创新思维能力相对较弱。转变基础教育目前面临的教育资源不均衡、学生课业负担沉重、学生体质水平下降、学生心理健康状况堪忧等顽疾,需要从学校整体上进行生态型变革,提高教师和学生的幸福感,使每一名学生成为有理想、有担当、有本领的创新人才。

尤其是乡村和城乡接合部的学校,受家庭教育背景的影响,学生在行为习惯、学业成绩、兴趣特长发展等方面的差异性较大,部分学生自信心不强,没有明确的目标和理想,缺乏进步进取的内在动力。学生的发展需要一个能够激发其潜能的生态环境,这样的环境能够让教师、家长发现学生的优势智能,激发内驱力,帮助学生寻找目标感和意义感,促进学生创新精神和能力发展。学校需要探索如何更好地开发学生潜能,实施发扬长处、激发潜力、培养自信的个性化教育,培育有利于全体学生健康成长、全面发展的校园新生态。

一、构建以学生优势智能识别与发展为核心的学校文化生态

姜哥庄小学确定了"扬长激潜,让每个儿童得到最优发展"的办学理念,弘扬"自信、自觉、自强"的学校精神,以"成为最好的自己"为校训,以"人人有才,人无全才,扬长激潜,人人成才"为行动宣言,努力培养身心两健、品学兼优、知行合一的阳光自信少年。

二、变革学校管理,营造有利于激发干部教师生命自觉的管理新生态

我们践行人本管理,打造和谐的干群关系;推行项目式管理,实现人尽其才;深入实施教师素养提升工程,引领教师通过读书感悟、同伴互助、专家引领、课题研究等方式提高业务能力,以精准培训、增值评价营造有利于教师专业发展的管理生态。

三、深度推进课程与课堂教学改革,构建内容多元、互动高效、焕发生命活力的教学新生态

(一)构建有利于发展学生核心素养的课程生态

我们以课程表达对学生全面健康发展的关注,以课程的多样化为学生的个性化成长提供更多的选择性。构建"三级、三群"生态课程体系,"三级"为国家与地方课程、校本课程、班本课程,"三群"为人文课程群、科创课程群、艺体课程群。打造内容多元、形式多样的课后服务课程,课后服务时间"1+1",课后服务课程为"校本+班本"。每月举行课后服务特色课程成果展示和校园吉尼斯比赛。

(二)追求生本、生成、生活、生动的课堂教学新生态

探索"六学三导"生态高效课堂模式,"六学"是学生的"预习学、尝试学、合作学、展示学、实践学、拓展学","三导"指教师"激趣导航、引领导法、运用导练"。开展项目式学习、跨学科教学实践,引导学生基于现实生活中的实际问题,立足真实情境,以项目任务为驱动,综合运用所学知识,长时间去学习、探究挑战性问题,在合作探究、公开展示学习成果的过程中发展核心素养。

四、优化班级管理,培育适合学生健康成长、主动发展的班级新生态

变革班级组织,推进自主管理。班级组织变权威命令为民主参与,班级管理变被动遵守为主动尽责。丰富班级活动,挖掘育人价值,实现共生共长,创造快乐、充实、有意义的高品质集体新生活。优良的班级生态会让生活于其中的每个成员得到自由、蓬勃的发展。构建民主、平等、和谐的师生关系是优良班级生态的主要标志。

五、健全学校家庭社会协同育人机制,构建家校合育新生态

2022 年 1 月起实施的《中华人民共和国家庭教育促进法》规定,"家庭教育、学校教育、社会教育紧密结合、协调一致"。在新的校园生态中,家长不只是家庭中的教育者,也是学习者;不应是学校教育的旁观者,而是主动参与者、监督者、决策者。实施智慧家长提升行动计划,引领家长转变育人理念和行为。充分发挥学生家长参与者、监督者、共建者的作用。探索有效家访的流程和策

略,畅通家校双向互动绿色通道,形成家校协同、密切配合的生态合力。

六、探索"教育＋互联网"智慧教育新生态

信息技术打破了师生对知识信息掌握的不对称,带来了教育生态新变化。基于信息化手段构建以学习者为中心的全新教育生态,发展学生的信息素养,是每一所学校面临的共同课题。我们致力于探索应用人工智能、大数据推动教育、教学、管理、评价等领域的创新发展,推进线下教育与线上教育的融合互补。

七、形成学校评价新生态

我们健全了学生品德发展、学业学习、劳动实践、艺术素养、体质健康、读书成长等方面的评价体系,形成了有利于激发教师生命自觉和专业化发展的评价体系;通过评价体系建立学校全域教育生态的保障机制,形成学生优势潜能识别和个性化发展的培养模式。

总之,姜哥庄小学以教育生态学理论和多元智能理论为指导,以培育优良教育生态、让每个儿童得到最优发展为目标,以管理生态、课程与课堂生态、班级生态、家校生态、智慧教育生态等为主要研究内容,以评价体系建立学校全域教育生态的保障机制,形成学生优势潜能识别和个性化发展的培养模式、育人策略。

"双减"政策着眼于学生的健康成长和全面发展,在减轻学生过重的课业负担和校外培训负担的同时,更要减轻学生过重的心理负担。通过实施发扬长处、激发潜力、培养自信的个性化教育,将发展学生优势智能贯穿于五育过程,发挥学校全域教育生态各要素的作用,这样才能更好地促进学生身心健康成长,培养学生正确的价值观、必备品格和关键能力。

第二节 培育扬长教育文化的思考与实践

学校文化是全校师生在共同学习生活中所形成的价值观念、行为准则和生活方式。余秋雨先生认为：文化是一种精神价值和生活方式，它通过积累和引导创造集体人格。营造健康向上、主动发展、富有活力的校园文化，是优质学校的重要体现。而一所学校的文化、特色一定是在长期的办学实践中积淀、凝练而来，不是来自外来的嫁接或植入；一定是立足学校实际，基于校情、师情、学情确立，不是照搬照抄现成的经验。

一、扬长教育提出背景

扬长教育基于学校现状和学生发展成长的需要而提出。姜哥庄小学是一所位于城乡接合部的学校，外来务工子女占学生总数的40%以上。受家庭教育条件、家庭教育背景的影响，学生在行为习惯、学业成绩、兴趣特长发展等方面的差异较大，出现两极分化严重、后进生多等现象，部分学生自信心不强，没有明确的目标和理想，缺乏进步进取的内在动力等。如何面向每一个学生，让每一个学生得到最优发展，是亟待解决的现实问题。

二、理论依据

(一) 期待效应、罗森塔尔效应

教师对学生充满期待，并将自己的这一心理活动通过情绪、语言和行为传染给学生，使他们强烈地感受到来自教师的热爱和期望，变得更加自尊、自信和自强，从而使各方面得到了异乎寻常的进步。赞美、期待可以产生奇迹。

(二) 多元智能理论

每个人体内都有着不同的智能，人与人之间的差异在于，每个个体体内不同种类智能的水平都不一样，以及调用和组合这些智能以处理不同的任务、问题进而在各个领域取得进展的方式不一样。发挥优势智能，人人可以成才。

（三）冰山理论与反木桶理论

每个人都是一座冰山，显示出来的只是冰山一角。每个孩子都有无限的潜力，一旦被激发，就会爆发出巨大的能量。反木桶理论告诉我们，当把水桶倾斜时，决定木桶盛水量的是最长的那块木板。

（四）成长型思维理论

成长型思维是斯坦福大学心理学教授卡罗尔•德韦克博士提出的。具备成长型思维模式的个人认为，有难度的工作可以提升他们的智力和能力，在面对具有挑战性的任务时能够坚持更久并秉持乐观的态度。培养成长型思维模式是自我实现的重要元素。"如果想在某些学科或活动中表现更加优秀，我可以更加努力。""我知道如果我愿意，任何事情我都可以做好。"通过培训让每一位师生树立成长型思维，相信通过努力可以提升智力、能力水平。

三、扬长教育内涵

回归教育的原点进行思考就会发现，人是教育的出发点和归宿，人性中最本质的需求就是渴望得到尊重、理解和爱。教育的功能就是要帮助人达到他能达到的最高境界。教育的终极价值是发展每一个人，成全每一个人，为每个人的幸福人生助力。教育不是让孩子成为别人，而是成为最好的自己。以扬长激潜为特征的个性化教育关注每一个生命个体，相信每个生命都具有巨大的发展潜力，都有无限的成长可能。

扬长教育是发扬长处、激发潜力、培养自信的个性化教育，通过扬长激潜、尊重差异、因材施教，以长处、优点带动全人发展。让每一个孩子体验收获的喜悦和成长的快乐，成长为人格健全、主动发展、快乐幸福的人。

扬长的内涵不是传统意义上的发展特长，包括德育中扬长，扬长立德；智育中扬长，扬长启智；美育中扬长，扬长尚美；体育中扬长，扬长健体；劳动教育中扬长，扬长增能等。扬长教育关注不同智能类型学生的成长，注重学生的多元评价，强调因材施教，让不同的学生都有出彩的机会。扬长教育的基本信条是：人人有才，人无全才，扬长激潜，人人成才！

扬长教育的原则如下。

（一）尊重差异

学生的差异是客观存在的。尊重是教育的真谛。将不同的学生进行比较，就像拿西红柿和辣椒、苹果比较一样。学生有不同的智能类型，有不同的个性，有不同的成长环境。

（二）正面教育

简·尼尔森的正面教育理论指出，当你把85％的时间和精力都用来关注15％的消极方面的时候，消极方面就会膨胀，积极方面不久就会消失。如果你把85％的时间和精力用来认可并鼓励积极的方面，消极的方面就会很快消失，积极的方面就会增长到100％。如果教师总是盯着学生能力的不足，会削弱学生对教师及自己的信心，从而导致他们的连败。

四、构建扬长教育文化体系

（一）精神文化——在传承、积淀中凝练

学校的精神文化是一所学校核心的价值观，对于全校师生有重要的价值引领作用。精神文化具有整体性、引领性。

培养目标：培养身心两健、品学兼优、知行合一的阳光自信少年；

基本信条：每一名学生都有巨大的发展潜力和无限的成长可能；

行动宣言：人人有才，人无全才；扬长激潜，人人成才；

学校精神：自信、自觉、自强；

校训：成为最好的自己；

校风：向真、向善、向美、向上；

学风：爱读书，善思考，勤实践；

教风：奉献、求实、创新。

姜哥庄小学明确了扬长教育理念下"12345"办学思路：

一个理念：扬长激潜，让每一名学生得到最优发展；

两大愿景：让每一名学生扬起希望的风帆，让每位教师体验教育的趣味；

三大行动：教师素养提升行动、学生读整本书行动、家长教育素养提升行动；

四个校园：书香校园、生态校园、智慧校园、平安校园；

五大策略：文化立校、管理治校、质量强校、科研兴校、特色名校。

校徽的解读:校徽由船、帆、朝阳等元素组成。帆船的主体呈书卷状,寓意学海无涯,学生畅游书海、扬帆远航。风帆呈人字形,体现了让每个孩子扬起希望的风帆、让每个孩子成为最好的自己的育人愿景。黄色圆环是写意的朝阳的体现,旭日东升,充满希望。整个校徽和谐美观,寓意丰富,全校师生参与了设计、修改、票选的过程。

培养目标:姜哥庄小学基于学生发展实际和培养目标,对学生核心素养做出校本化解读,提出姜哥庄小学学生十大素养,即健康体魄、充满自信、自我管理、敢于负责、诚于合作、善于表达、独立思考、审美情趣、学会学习、实践创新。要求全体教师在教育教学过程中重视发展学生的十大素养。

(二) 环境文化——让学生站立在校园正中央

在物质文化建设的过程中,我们把握两个原则。一是整体规划,分步实施。不求快,求质;不求多,求精。二是环境文化是精神文化的外显,与精神文化呼应。已经完成的如下。

1. 雕塑文化

正对校园大门的雕塑的主题是"胸怀世界,扬帆远航"。抽象的书本书页、水系造型、蓝色地球、展翅的和平鸽等元素,让整座雕塑给人以灵动、向上、厚重的感觉,激励姜小学子胸怀世界放飞梦想,面向大海扬帆远航。

拇指雕塑:在乐知楼、乐行楼之间,设计一座金光闪闪的拇指雕塑,底座上刻有学校精神"自信、自觉、自强"。这座雕塑和乐知楼外墙上"成为最好的自己"的校训互为映衬,激励师生不断超越自我,实现最优发展。

锈板景墙:乐知楼与乐读楼中间的平台东西两侧各有一座锈板景墙,一座体现运动主题,另一座的锈板景墙呈弧形,外侧突出"少年强、中国强"的主题,节选了《少年中国说》片段、传统文化中激励少年努力的名言和毛泽东、习近平总书记对少年的期望,以竹简的形式呈现。内侧是名人墙,选了十多个古今中外文化名人的头像及名言,以此激励姜小学生。

2. 大厅文化

乐知楼大厅主题是魅力教师和时代新人,以"四有好老师"和姜哥庄小学学生十大素养为背景,呈现师生精神风貌;乐行楼二楼大厅的主题是党史回眸和校史展示;还完成了绘本阅读厅、廉洁文化厅的布置。

3. 走廊文化

设计有传统文化、红色文化、科技创新、音乐、美术等主题的长廊。在走廊内分别展示了阅读之星、美德之星、劳动之星等校园之星。

(三) 制度文化建设——唤起师生生命自觉

按照"谁分管谁负责"的原则,姜哥庄小学先后健全了党建制度、教师管理制度、教科研制度、学生管理制度、安全管理制度、后勤管理制度、家长学校工作制度等,形成了学校制度汇编。

一所学校的制度不在多,而贵在精,贵在落实。正如《道德经》中的"多言数穷,不如守中",姜哥庄小学重点建立并完善了以提高质量为导向的制度群,包括教师奖惩制度、年度考核制度、绩效工资制度、职称评审制度等,突出教育教学业绩所占的比重,严格执行落实,形成了浓厚的提高质量的氛围。

按照现代学校制度要求健全教师代表大会制度、议事规则、家长委员会制度、膳食委员会制度等,充分发挥这些组织参与决策、监督、管理的作用。

健全了安全管理制度,按照精细化管理的要求,实施网格化管理,从安全教育内容、安全管理场所等不同维度分工到人,责任到人,确保每项安全工作有人负责、校园每个场所有人负责。

(四) 行为文化——科学规范、健康向上

1. 管理文化——人本、高效、落实

培育"以爱导航,扬长激潜"的扬长教育文化品牌,追求民主、规范、科学的管理文化和团结、互助、合作、创新的团队文化。

(1)干部带头。领导干部要有率先垂范、团结协作、分工负责、务实高效的作风。王玉秀副校长分管防疫,因疲惫晕倒在防疫会场,被送到医院。为了不耽误疫情防控工作,她两天以后就返回工作岗位。校级领导干部在学生居家学习期间,和老师们一样进行网上授课。

(2)以人为本。管理的最高境界是让每一位教职工都感到自己的重要性。尊重每一位教职工的劳动,做到人尽其才。树立身边的榜样,有爱心、有责任心、业绩突出的教师每学期都会获得鲜花和掌声。对于必须送接孩子上幼儿园的教师在考勤方面给予照顾。

（3）重心下移。坚持管理重心、教研重心、教学重心下移，落实"赢在中层、成在基层"的理念，提高中层干部的策划力、执行力、合作力。推行教研组长负责制、项目管理制度，每个人都是自己工作领域的第一责任人，全程负责工作的策划、推进、总结等。每一位干部教师的主观能动性都得到发挥，在成事中成人，用成人促成事。

（4）严抓落实。制度的生命在落实，实行目标管理、底线管理，采用"一线工作法"，现场发现问题、解决问题，班级管理、疫情防控工作等都采取这种方式。

2. 课程文化——为学生提供适合的教育

课程是育人的主要凭借。学校要为学生提供适合的教育，就要有丰富多彩的课程，以课程表达对学生全面健康发展的关注，以课程的多样化为学生的个性化成长提供更多的选择。我们基于学生发展需求和发展学生核心素养需要，构建了"三级""三群"生态课程体系。"三级"为国家与地方课程、校本课程、班本课程；"三群"为人文课程群、科创课程群、艺体课程群。

突出国家课程的权威性。课程是国家事权，体现国家意志，因此开齐、开足、开好每一门国家课程，提高每一门国家课程的实施质量是学校教师的基本职责。校本课程不能简单做加法，不求数量多，但求能够真正促进学生素质全面发展。每周三下午开展"七彩学堂"，开设剪纸、创意美术、舞蹈、足球、篮球、乒乓球、书法等社团，成立了五十人规模的管乐团，聘请七名校外专业教师进校辅导。班本课程基于班级学生发展需求，发挥教师优势，开设绘本阅读、成语故事、辩论、趣味数学、陶笛等学科拓展性课程。立体化、多样化的课程让更多的学生找到自己的精彩和快乐。

树立大课程理念，校园读书节、体育节、艺术节、科技节活动和系列校园吉尼斯大赛为学生搭建了扬长展示的舞台，提升了学生的校园生活品质，让校园生活更有魅力。

3. 课堂教学文化——生态、高效

生态、高效课堂首先是以生为本的自主课堂。"学生的大脑是一个有待点燃的火炬，而不是有待填充的容器。"课堂以生本、生成、生活、生动为基本形态，坚持学生立场，把时间还给学生，把方法教给学生，培养学生会思考、会质疑、会倾听、会表达、会合作、会运用。

课堂教学的高效是"双减"行稳致远的关键。高效课堂的四要素：高质量地教、主动地学、亲密的师生关系、优质的教学内容。高效既体现在知识领域、方法领域，还体现在情意领域。苏联教育家赞可夫说："教学法一旦能触及学生的情绪和意志领域，触及学生的精神需要，这种教学法就能发挥高度有效的作用。"教学评一体化，信息技术赋能教与学，是姜哥庄小学现阶段提高课堂教学效率的重点。着手探索实践追求理解的教学设计，通过以终为始、逆向设计，重视学习目标、评价标准前置，重视大概念、核心知识的教学，提高学生有效应用与迁移的能力，发展学生学科核心素养。

践行"六学三导"生态课堂模式，即教师"激趣导航、引领导法、运用导练"，学生"预习学、尝试学、合作学、展示学、实践学、拓展学"。

采取类型化教研的方式提高教研实效性。通过系统化思考、长程化设计、专题化研究、序列化推进、日常化实践，引导教师深度开发学科育人价值，对教学内容进行创造性重组，通过教结构、用结构，帮助学生形成知识体系、方法体系、能力体系。

文化如水，育人无声。文化落地的关键是建设一支具备扬长教育理念、具有生命自觉的干部教师队伍，文化的形成不是一朝一夕能够形成的，姜哥庄小学将以新校启用为契机，虚心学习，在传承中发展，丰富扬长教育内涵和实践，培育自己的文化品牌，办现代化、高品质的教育。

第三节　构建有利于学生最优发展的优良教育生态
——教育生态学视角下的教育实践

一、教育生态学为教育教学改革提供新视角

（一）生态环境恶化使生态学成为人类面向自然的新视角

人类社会发展到工业时代以来，生产力的发展使人类创造了巨大的经济财富。伴随着经济的飞速发展，世界范围内因为人口增长和片面发展所造成的生态环境恶化愈来愈厉害，包括资源破坏、土地沙化、物种减少、沙尘暴、生活环

境恶化、全球气候变暖等,这些已经威胁到人类的生存。在这种背景下,生态学成为人们重新反思人与自然关系、重新认识人与自然和谐相处的新视角。

我国作为发展中国家,近年来经济一直保持着较高的增长速度,已经成长为世界第二大经济体。但我们为此付出了沉重的代价,生态环境每况愈下,雾霾肆虐,水质污染,环境的污染直接危害人们的身体健康和正常生活。因此,党的十七大报告提出了建设生态文明的要求,"建设生态文明,基本形成节约能源资源和保护生态环境的产业结构、增长方式、消费模式。循环经济形成较大规模,可再生能源比重显著上升。主要污染物排放得到有效控制,生态环境质量明显改善。生态文明观念在全社会牢固树立"。党的十八大报告提出了"必须更加自觉地把全面协调可持续作为深入贯彻落实科学发展观的基本要求,全面落实经济建设、政治建设、文化建设、社会建设、生态文明建设五位一体总体布局",明确指出"建设生态文明,是关系人民福祉、关乎民族未来的长远大计。面对资源约束趋紧、环境污染严重、生态系统退化的严峻形势,必须树立尊重自然、顺应自然、保护自然的生态文明理念,把生态文明建设放在突出地位,融入经济建设、政治建设、文化建设、社会建设各方面和全过程,努力建设美丽中国,实现中华民族永续发展"。可以说,中国社会的发展呈现出生态化发展的趋势。

(二)教育生态化成为未来教育发展趋势

生产力的发展制约着教育的发展,教育对生产力的发展具有促进作用。生态文明已成为时代要求,也必然成为教育发展的时代背景。

应该承认,现实教育生态中有太多的失衡现象,生态学的思维方式对教育有现实的启发意义。

(1)优质资源缺少,教育资源不均衡。地区之间的教育质量差距较大,同一地区优质学校和薄弱学校在师资力量、办学条件、家长素质等方面差距太大,优质教育资源严重不足,造成择校现象。

(2)学生课业负担过重,影响身心健康。受应试教育的影响,社会、家庭、学校对学生的评价主要以学习成绩为依据,分数成为考核教师、评价学生的主要标准。

(3)兴趣特长培养泛滥,不是基于学生兴趣的培养。家长为了孩子的特长发展,过分关注,双休日大部分学生在各类兴趣班、学习班中度过。

（4）体育锻炼缺乏,体质堪忧。见诸报端的各类统计数据表明,学生的体质下降,肥胖率、近视眼发病率等呈上升趋势,而学生的耐力、速度、力量等指标却呈下降趋势。

（5）师资力量不足,课程质量得不到保证。课程改革以来,课程设置更加齐全,并增加了校本课程,但师资力量有限,并非所有的课程都有专职教师,现有教师编制无法满足教学需要。具体到一所学校,还存在教师年龄结构、专业结构不合理等现象。

（6）以应试为目标,对学生动手实践能力、创新精神培养不足,对如何激发孩子想象力、保护孩子求知欲和好奇心关注不够。

（7）学校教育与生活、与社会脱节。学生参加社会实践较少,接触大自然较少,学生一旦步入社会,有很多不适应。

（8）班级班额过大,当前要求小学班额不超过 40 人,中学最大班额不超过 45 人,而在一些周边人口集中的学校,班额在六七十人也是常见。

以上种种现象,违背了正常的教育生态,不符合教育规律和学生身心发展规律,引起了教育主管部门和越来越多的教育工作者的关注。培育优良的教育生态,让教育回归自然,让学校生态发展,让课堂焕发生命的活力,已成为时代对教育的呼唤。

我国基础教育阶段进行关注教育生态学起步较晚,但在这种先进教育理念的指导下,许多学校取得了明显的办学效益。如深圳小学开展"生态教育的行动研究",上海市金洲小学的"现代生态校园建设",松滋市实验中学以"优化生态环境,提升生命价值"的办学理念为价值引领,实现师生与学校的共同发展。山东省莱州市双语学校开展了生态教育的研究,对于以学科教学打造生态课堂的研究也比较多。

二、教育生态学文献分析

（一）中华传统文化中生态思想及价值取向

中华传统文化中的生态思想主要体现于对人与自然、人与人之间关系的认识上。

道家思想主要体现于"道法自然"的有机论世界观。《老子》说:"道生一,

13

一生二,二生三,三生万物。万物负阴而抱阳,冲气以为和。"第 25 章说:"人法地,地法天,天法道,道法自然。"在人与万物的关系上,庄子说:"以道观之,物无贵贱;以物观之,自贵而相贱",认为人与万物是平等的,不能站在人的立场上以自己为贵,以他物为贱。

儒家的生态价值理想为"天地万物一体之仁"。《周易·乾》:"天行健,君子以自强不息;地势坤,君子以厚德载物。"意思是君子处世,就应该像天那样高大刚毅且自强不息,自我力求进步,永不停止;君子做人,就应该如敦厚庄实的大地一般低调,用善德承载万物。《中庸》说:"中也者,天下之大本也;和也者,天下之达道也。致中和,天地位焉,万物育焉",强调君子的"中和"之德能够促进天地和谐有序,万物繁衍生息。《文子·上仁》中"先王之法,……不涸泽而渔,不焚林而猎"等语句,可以说是可持续发展观最早的论述。在宋代理学家中,程颢明确提出了"仁者以天地万物为一体"的论断,王阳明进一步明确了"天人合一"思想。

(二)西方教育生态学研究及发展

"生态学"(Oikologie)一词是 1865 年由勒特合并两个希腊字 logs(研究)和 oikos(房屋、住所)构成的,1866 年德国动物学家赫克尔初次把生态学定义为"研究动物与其有机及无机环境之间相互关系的科学",特别是动物与其他生物之间的有益和有害关系。从此,揭开了生态学发展的序幕。英国生态学家坦斯利 1936 年首先提出了生态系统的概念,越来越多的生态学家把生态学渗透到一切自然、人文和社会领域。美国科学家小米勒总结出的生态学三定律包括多效应原理——我们的任何行动都不是孤立的,对自然界的任何侵犯都具有无数的效应,其中许多是不可预料的;相互联系原理——每一事物无不与其他事物相互联系和相互交融;勿干扰原理——我们所生产的任何物质均不应对地球上自然的生物地球化学循环有任何干扰。生态学已经成为人类认识世界的思维方式,成为一种科学的世界观和方法论。

1932 年,美国教育学者沃勒在《教学社会学》中提出"课堂生态学"的概念。1976 年,美国哥伦比亚大学师范学院前院长克雷明在其所著《公共教育》一书中正式提出了"教育生态学"这一术语,把教育看成一个有机的、复杂统一的生态系统。

1983 年，汉密尔顿提出学校生态学研究的四条标准：一是将教学视为连续的互动过程而不是一套分散的输入和结果；二是将行动者（教师、学生、管理者、家长及其他人员）的态度和感知视为学校和课堂中的重要资料；三是关注人与环境之间的互动；四是不仅要考察即时环境下人与环境互动，还要考察家庭、社区、文化以及社会经济系统对这些互动的影响。华盛顿大学的古德莱德首次提出学校是一个"文化生态系统"，要从管理的角度入手，统筹各种生态因子，以建立一个健康的生态系统，提高办学效率。

总之，教育生态学把教育看成一个有机的、复杂统一的生态系统，强调教育与环境之间、教育系统内部子系统之间的物质、能量、信息交换过程及相互影响和相互适应的关系。教育生态规律包括迁移和潜移律、富集和降衰律、教育生态的平衡与失调、竞争机制和协同进化、教育生态的良性循环等。教育生态学的基本原理包括限制因子定律、耐度定律和最适度原则、花盆效应、教育节律、社会群聚性与阿里氏原则、群体动力与群体间的关系等。

（三）我国的教育生态学研究

我国的教育生态研究起步于 20 世纪 80 年代，南京师范大学吴鼎福于 1988 年发表《教育生态学刍议》，并于 1990 年出版了我国第一本教育生态学专著，将生态学原理运用于分析研究教育问题。1992 年，由任凯和白燕两位研究者撰写的我国第二本教育生态学专著出版，重视借助生态学原理与方法深入地分析教育现象。

进入 21 世纪以后，人们对教育的微观研究才渐渐多起来，范国睿主编的《共生与和谐：生态学视野下的学校发展》运用生态学原理，从学校的制度生态、组织生态、文化生态等方面探究学校的生态化发展，孙芙蓉博士的《课堂生态研究》将研究的视角指向了学校教育的主渠道——课堂教学，认为课堂生态系统是一个以教师教学活动和学生学习活动为中心，活力、组织结构、恢复力三要素动态平衡，课堂教学和课外学业求助两方面关联互动的系统，重点是课堂生态中生物和生物环境之间的关系，即师生关系和生生关系。

总体而言，我国的教育生态学研究由一开始的侧重教育生态系统的宏观研究，逐渐发展到学校教育内部的微观研究。但是，变革学校教育生态实践、促进学校教育生态系统良性发展的研究还不够深入，需要一线学校的教育实践与教育生态学理论有机结合。

三、教育生态学指导下的办学实践

教育生态学是将教育与其生态环境相联系,并以其相互关系及其机理为研究对象的一门新兴学科。"教育的宏观生态研究以教育为中心的各种环境系统,分析其功能以及与教育、与人类的交互作用关系,以寻求教育发展的方向、教育应有的体制以及应采取的各种对策。教育的微观生态则缩小到学校、教室、设备乃至座位的分布对教学的影响,也包括课程的设置目标、智能、方法、评价等微观系统分析,也缩小到家庭的亲属关系,学校的师生关系、同学关系乃至学生个人的生活空间、心理状态对教育的影响。"

青岛市崂山区晓望小学把校园作为一个独立的教育生态系统,是教育的微观生态研究。晓望小学将教育生态学理论运用于教育教学实践,传承中华民族传统文化中天人合一的思想,顺应时代对教育的要求,同时秉承晓望小学多年的办学经验和办学优势,进一步培育学校特色,打造育人品牌。晓望小学位于风景秀丽的崂山北麓,所处的自然环境得天独厚,校园绿树成荫,花繁叶茂。学校注重学生的环保教育,开展了形式多样、丰富多彩的环保专题教育活动,在环境教育、绿色教育方面取得了突出的成绩,先后创建为青岛市花园式学校、青岛市和山东省绿色学校,2011年学校以环境教育特色成为崂山区首批特色试点学校,2012年创建为山东省环境教育基地,2013年被评为全国环境教育示范学校,2014年2月获得国际生态学校绿旗荣誉。

环保工作的终极目标是实现可持续发展,教育的本质也是为了学生的健康、全面、可持续发展。为了进一步打造优质特色学校,晓望小学结合自身优势和面临的问题,确立了"培育优良教育生态、促进学生可持续发展"的目标,致力于创设有利于学生、教师、学校可持续发展的优良教育生态,充分发挥校园内外各种教育生态因子的作用,为学生提供适合、适时、适量的教育,促进学生健康成长、全面和谐发展,推动教师专业发展成长。

为了培育优良的教育生态,晓望小学构建了生态化办学体系:生态环境文化浸润每个孩子的心田;生态德育培育健全人格;生态课程为每个孩子提供适合的教育;生态课堂培养核心素养;生态管理搭建自主发展平台;生态美育、阳光体育提高学生校园生活品质。在教育生态学理论指导下,晓望小学先后荣获中华优秀文化艺术传承学校、国际生态学校绿旗荣誉、全国舞蹈教育传统学校、全国海洋科普教育基地、山东省规范化学校、青岛市现代化学校、青岛市十佳德育品牌、青岛市文明校园等。校本课程"走进崂山"获得山东省一等奖,"走进非物质文化""走近孔孟之道"获评青岛市精品课程,学校网站因为丰富的课程资源获得山东省优秀教育网站评选一等奖。在全国第五届中小学生艺术展演中,晓望小学的螳螂拳舞、课间舞参加了开幕式演出,面塑手工实践坊代表青岛市进行展示,中国教育报、中央电视台均进行了报道。晓望小学师生参加了在新加坡举行的 2016 国际科学剧大赛,获得新加坡国际科学剧大赛冠军。

我们坚信,每一粒种子总有适合的土地,每一朵花都有自己的花期。学校要做的就是尊重教育规律,为学生提供适合、适时、适量的教育,为学生的健康成长、全面发展提供肥沃的土壤、清新的空气、充足的阳光、滋养的雨露,而后就是等待花儿自由地绽放。让教育回归自然,让生命焕发活力,让生活充满阳光,是我们不懈的追求。

第四节　基础教育的价值追求
——提升学生校园生活品质

教育是面向未来的事业。基础教育担负着为学生接受更高层次的优质教育同时为其终生幸福奠定基础的重任。诺贝尔文学奖获得者——智利诗人加里艾米拉·米斯特拉尔在诗中写道:"他的骨骼正在形成,血液正在生长,心智正在发育,对儿童我们不能说明天,他的名字是今天。"儿童期的成长经历会对一个人的终生发展留下不可磨灭的印迹,就像一棵大树,最初的生长始终镌刻在年轮的核心。因此,让每一个孩子经历快乐、幸福、有意义的童年生活,提升学生校园生活品质,是现代优质教育的重要体现。

一、提升学生的精神生活品质

苏霍姆林斯基说:"学校的任务,不仅在于传授学生必备的知识,而且在于个人精神生活的幸福。"学校教育的重要任务之一是给学生打好文化的底色、精神的根基,给学生提供健康、丰富、充实的精神生活。

（一）读书滋养心灵

朱永新教授说:"一个人的精神发育史,就是他的阅读史。"健康的书籍是儿童最好的精神食粮。然而在背负着沉重的应试压力和学习负担的情况下,很多学生享受不到读书的乐趣。因此,学校更应该提倡纯粹的阅读,减少功利性阅读,让学生能够感受书中情节的扣人心弦,体会书中人物的喜怒哀乐,让语言的积累、语感的提升、情感的升华在潜移默化中实现。读书需要引领,需要学校、教师营造浓厚的读书氛围,如随时开放的阅览室、书吧和阅读一体机,让学生在校园内随时随地有书可读。开展经典诵读、师生共读、亲子共读等活动,实施晨诵、午读,让书香飘溢校园。当学生真正体会到读书的乐趣时,读书就会成为自觉的行动,成为精神生活的需要,实现由必然王国向自由王国的跨越。

（二）德育陶冶性情

立德树人是教育的根本任务。学校教育要在传承人类文化的过程中引导学生向真、向善、向美,在儿童幼小的心灵中播种善良、诚信、友善的种子,播种自信的种子,播种理想的种子。德育内容应该突出养成教育、中华传统美德教育、时代精神教育等,通过经典诵读、情境体验、主题教育、艺术熏陶、社会实践等途径,增强德育的体验性、实效性。儿童的精神是纯洁的,心灵是纯真的,他们就像正在成长中的幼苗,需要教师精心的呵护与培育。他们的心理有时候是非常脆弱的,缺乏安全感,缺乏自信,教师应该更多地关注心理健康,以爱育爱,以尊重培养自信,以民主、从容的教育促进学生个性自由发展与成长,培养真善美之健全人格。

二、提升学生的学习生活品质

学习是学生在校园的主要任务。影响学生学习生活品质的主要因素是课程、课堂,即学什么和怎样学。

（一）学什么——构建能够满足学生个性化学习需要和多元发展需求的生态课程体系

课程是为学生提供适合的教育的主要凭借。狭义的课程指课程表上设置的、有教材的课程,但是对于有课程意识的学校、教师来说,生活处处是课程,校园时时有课程。正像李希贵校长所说:"过去教材是孩子的世界,现在世界是孩子的教材。"国家、地方、学校三级课程管理体制,为课程的多样化提供了制度保障。以学校课程为例,每一所学校都会有自己独特的、具有教育意义的地方文化和教育资源,只要因地制宜,积极开发利用,学生成长的环境就会成为学习的场所和资源。同时,学校课程的开发更能基于学生成长需要,更能发挥教职工的主动性,为学生的学习、发展提供更多的选择和可能性,让学生在更多的选择中找到自己的精彩和快乐。

(二) 怎样学——推进课堂教学改革,发展学生核心素养

课堂教学是推进课程改革、提高课程实施质量的主渠道。课堂是由教师、学生、环境、教学内容等构成的具有生命活力的生态系统。在这个系统中,学生是学习主体,自主、合作、探究是主要的学习方式。教师是启发者、引领者,也是学生好奇心、求知欲的保护者和宽松、民主学习氛围的创设者。高效课堂通过师生互动、生生互动,各类教学设施发挥作用,不断开发学生的潜能,使学生的素养不断提升。这样的课堂不只是学生学习和掌握知识的场所,更是发展兴趣、培养能力、提高核心素养的场所。

三、提升学生班级生活品质

叶澜教授曾提出,"新基础教育实验"四大理念之一是"把班级还给学生,让班级充满成长气息"。对学生而言,班级就是校内生活的家,学生在班级大家庭里要生活十多年,班级生活品质的重要性可想而知。

师生关系是对学生成长影响最大的人际关系。根据脑科学的研究,情绪能够影响人的认知水平。所谓"亲其师信其道",学生对老师尊敬乃至发自内心的热爱,就会提高班级生活品质。而在师生关系中,班主任、任课教师是起主导作用的,要构建教学相长、民主平等、和谐融洽的师生关系,关键是教师能够发自内心地尊重学生,尊重差异性,尊重不同的智能类型和性格特点。

生生关系也会影响学生的生活品质。学生之间的关系是纯真的,同学之间既是学伴,也是玩伴。同伴之间有时也会是竞争关系,比学赶超、共同进步是最佳状态。教师应该尤为关注班级内特殊家庭的孩子,关注所有孩子的心理健康,引导每一个孩子融入班集体,与同学和谐相处,依靠自尊自信赢得他人的尊重,避免出现个别学生离群、妒忌甚至欺凌等现象。

学生的班级生活应该是生动而有意义的。富有特色的班本课程,精彩激

烈的班级比赛,内容充实、形式活泼的班队会,轻松快乐的课余生活,丰富多彩的社会实践活动,共同构成了学生多彩的童年生活。在班集体中,学生通过遵守校规校纪和经过集体讨论形成班规班训,规则意识逐渐形成。每一名学生在集体中承担相应的职责,人人有事做,自主管理能力和责任意识不断提高,集体荣誉感得以增强。班级生活品质提高了,学生就会在集体生活中健康快乐地成长。

陶行知先生认为,生活即教育,过什么样的生活就受什么样的教育。同样,学生过什么样的校园生活,就受什么样的学校教育。学校教育还应该向家庭、社会延伸,提升学生的家庭生活品质、社会生活品质。总之,学生快乐而有意义的童年生活,是幸福人生的重要组成部分,提升学生校园生活品质,应该成为基础教育的必然价值追求。

第五节　育班级新生态,创集体新生活

班级是由教师和学生共同组成的完整的生命场,是学生学习、生活、发展的直接环境和由自然人成长为社会人的重要场所。青岛市崂山区石老人小学秉承"让每个孩子扬起希望的风帆"的办学理念,聚焦班级这一微观生态系统,致力于培育适合学生生命舒适成长、主动发展的班级新生态,创造快乐、充实、有意义的高品质集体新生活,促进学生全面、主动、可持续发展。

一、变革班级组织,推进自治管理,培育主动、自觉的班级文化

在班级这一微观生态系统中,学生是班级生活的主体,班主任是引领者、主导者和参与者。优良的班级生态会让生活其中的每个成员得到自由、蓬勃的发展。石老人小学把构建民主、平等、和谐的师生关系作为优良班级生态的主要标志,确定了"尊重主体性、发挥主动性、培养自育力"的班级工作理念和"为了学生、相信学生、依靠学生"的工作原则,把班级的组织权、管理权、选择权还给学生,唤醒学生内在的生长动力,让班级充满成长的气息。

　　班级组织变权威命令为民主参与。改变班干部由班主任任命和班干部固定制，每学年初进行班干部竞选，按照报名、竞选演讲、民主投票的程序，让每一个学生经历公平竞争、行使自身选举权的过程，从小培养小公民意识。在此基础上，实行值周班长制，人人有发挥自身才能为班级服务的机会，人人都可以体验当班干部的酸甜苦辣。每个班级在学年初由学生共同讨论后形成有利于每一个学生发展的班级公约，每个人都是约定的制定者，当然也应该是遵守者、维护者，当学生违反纪律时，班级的任何一名同学都可以依据班级公约提出批评。班级管理减少了强制性，不再生硬，不再冷冰冰，具有了感情的温度和人性的光辉。

　　班级管理变被动遵守为主动尽责。实行班级小岗位责任制，人人都是"小主人"。书包管理员、图书角管理员、"黑板美容师""植物小管家"等，每个岗位的命名、职责的约定，都蕴含着学生的智慧，激励着学生的成长。每一名学生负责一个岗位一学期的时间，学生在坚持不懈地完成一项任务的过程中增强责任心。班级中各项工作都由学生"承包"下来，学生真正成了管理自己的主人：每次班集体重大活动，班级摄影师总是跑前跑后，抓拍镜头，整理照片，一个个小摄影师得到成长；每天清晨，古诗文领读员带领同学诵读古诗，为了胜任工作，他们需要查阅资料、提前背诵；班班通管理员总会在老师上课前及时开启设备，并在使用后及时关掉设备……自己的事情自己做，集体的事情一起做，每一个学生都重视自己的班级角色，每一个学生面对班级都能自信地说："我很重要！"从而实现了两个育人目标：树立自信心、增强责任感。

　　班级文化变单调统一为生动活泼。班级的精神文化方面，班名、班训、班徽、班歌的确定都由学生完成，各个班级结合学校海洋教育特色命名了极具特色的班名，如剑鱼班、海星班、海贝班、海豚班，每当有学校的班级比赛活动，响亮的班训和嘹亮的班歌就会响起。把班级环境布置的权利还给学生，每一期班级文化建设，师生在互动中对班级中的每个角落进行设计，划分版块，学生自主招标，对中标版块进行创意布置，每一面墙壁、每一个角落都能看到学生的书法、绘画、习作、手抄报、创意作品展示。每月一次的"班级之星""优秀小组""进步之星"评比，更是大大激发了学生们争先创优的热情，每一名学生都力求"做班级里最美的一片叶子"。这样的氛围下，每一名学生都有展示自我的机会，每个个体都在展示自我中实现与他人的碰撞与学习，在共生共长中促进生命更好的觉醒。

二、开设班本课程,转变学习方式,提升班级学习生活品质

为了让课程更好地满足学生个性化成长需要,石老人小学实行校本课程班本化,把学校社团之外的校本课程开设全力下放到班级,由班主任协同任课教师,基于本班学生发展需求,整合各种教育资源开设班本课程,以课程的多样化为学生的个性化发展提供更多的选择。

班本课程需要学校课程中心审核批准后实施,负责人要进行课程开设论证,有课程开设目的、课程内容安排、课程成果评价等。每周三下午两节课,如低年级的绘本阅读、经典诵读,中年级的成语故事、辩论,高年级的英语经典诵读、演讲课程等,还有体育、艺术类的课程,口风琴、竖笛、剪纸、茶艺等都是班本课程的内容。除了固定的班本课程,学校统一要求各班开设课外阅读课程和场馆学习课程。每个班级确定每学期的课外阅读必读书目、选读书目,至少读 3 本书,教师通过课外阅读导读课、推进课、展示课,引导学生深度阅读,提高课外阅读的质量。六年小学生活结束时,学生仅班级共读的书目就超过 36 本。各班自行确定场馆学习课程时间,到学校附近的青岛博物馆,国家海洋局第一研究所的大洋样品馆、地震科普馆参观学习,每次学习提前确定主题,与场馆工作人员取得联系,有专题讲解与现场体验,学生形成学习体验报告。

家长课程也是班本课程之一,目的是联结家长资源,为班级的学生打开另一扇学习的窗户。比如,有位老师所在的班级,学生来自祖国各地,不同地区、不同民族的生活经历,对学生来说就是一个真实、宝贵的"学习场"。寒假结束后,小王同学的爸爸带来了一节别开生面的实践课——"南北元宵大比拼",从元宵的来历、馅料、制作、食用方法等方面为大家带来一场元宵盛宴,学生们在交流与碰撞中增进了对祖国传统文化的理解,在自己动手制作的过程中升华了对家乡和第二故乡的情感。

推进课程实施理念和班级学习方式的转变,充分体现学生主体地位,坚持学生立场,课堂重心下移,把时间还给学生,把方法教给学生,追求生态、高效课堂,以生命、生成、生活、生动为关键词,注重创设真实的问题情境,注重发展学生高阶思维,注重学科知识体系、基本规律和原理法则的学习与运用。特别

强调小组合作学习、展示学习。"合作学"环节注重合理分配学习小组,关注不同层次的学生,小组内分工明确,合作互助,让每一名学生都有发表观点的机会。"展示学"环节鼓励学生面向全班同学交流展示自己的学习思路、学习成果,鼓励发散性、批判性思维,尊重学生的独特体验和感受。课堂因此焕发出生命的活力,形成了有笑声、有掌声、有辩论声、有心声的课堂学习特色。

三、丰富班级活动,挖掘育人价值,实现共生共长

班级不仅是学生学习的场所,更是学生生活、成长的乐园。丰富的班级活动赋予童年生活更多的意义和更亮丽的色彩。班级活动中的学生学习是综合性的学习,也是更具生命性的学习。石老人小学重视学生班级活动的全员、主动参与,通过"活动创设""活动实施"和"价值提升"三条主线,最大限度吸纳学生参与活动主题选择、方案设计、组织分工等环节,班级活动真正成为学生的事,活动全程发挥了最大育人价值。

班级活动与四季活动融通。结合地域及节气特点,班级开展"探春""嬉夏""韵秋""暖冬"系列活动,组织了崂山特色资源研究、二十四节气习俗探究等活动。如春季,张宏杰老师的"品尝春天的味道"和李荀的"春天的瑰宝——野菜"两节班队会,主题聚焦,贴近生活,引导学生观察实践、合作探究、汇报展示,学生们在充实快乐的活动中增长了才干。王宁老师的"小队是一家",孙迪的"六一活动策划"融入多种学科资源,充分激发学生参与的热情。秋季,教师们引导学生用观察日记、树叶画等形式将自己对季节的美好感受记录下来,并结合中秋、重阳、国庆等节日,开展经典诵读等系列"我们的节日"活动,学生们收获满满。冬季,各班举办"生活节",依据学生成长需求,充分挖掘日常生活中的教育资源,低年段的生活自理能力训练,中年段的变废为宝手工制作,高年段的冬季科学现象探究,让学生们有实践、有发现、有感悟、有成长。

班级活动与假期生活融通。学校组织学生开展"一班一菜单"假期实践活动。学生、学科教师积极参与到假期活动的设计中来,每项活动不是单一学科的参与,而是多学科整合。寒假中五年级二班的"小小理财师"活动,引导学生在寒假期间和家人一起准备年货,对开销做出统计分析,对压岁钱的使用进行探讨,整个活动中,语文、数学、传统文化、道德与法治等多学科共同融入,对学生的理财意识培养、家庭责任担当都有很好的促进作用。暑假中辛老师班学

生形成了六个项目组,分别承担了走进石老人观光园、快乐足球、安全宣讲员、谁不说俺家乡好、好书漂流、爱心小栈——与贵州小朋友手拉手等任务,假期结束,学生们不仅带回了可视的成果,而且他们与人交往、沟通的能力得到了提高,原来那些不自信的学生眼里都有了不一样的光芒。每个寒暑假结束一周内,学校都会组织各班学生开展项目汇报(团体、个人),并在校园中开辟专栏展示优秀作品,学生们在充满趣味、新味的活动中全面发展。

班级活动坚持"一个都不能少"的原则。学校践行"通过集体教育、在集体中成长"的教育原则,春游实践、场馆学习更加关注特殊家庭儿童、学习落后儿童、行为偏差儿童等相对弱势的学生群体。学校的红歌会、素质技能运动会展示、合唱比赛等班集体活动,要求每一名学生都要参与。一些特殊孩子的动作、语言没有合拍,并不会影响班级成绩,反而会赢得阵阵鼓励的掌声。另外,班级活动秉承扬长激潜原则。每个班级的吉尼斯大赛是常规活动,由教师、学生、家长代表组成的评选委员会负责班级吉尼斯纪录的认定,比赛既有学校的传统项目,包括一分钟跳绳、古诗文背诵、仰卧起坐、足球颠球、识字量等,也有学生自主申报的项目,更多的学生在活动中找到了自己的精彩和快乐!

培育班级新生态、创造班级新生活,以班级链接家庭、社会,实现班级生活与学校、家庭、社会生活的融通,每个班级必将成为学生童年生活的温馨港湾和幸福家园,每一名学生都可以成为班级的主人、校园的主人、生活的主人!

第二章
德育生态

第一节　扬长厚德,培养能够担当民族复兴大任的时代新人

德育是教育的灵魂,立德树人是教育的永恒主题。几千年的中华传统文化中始终将"德"作为一个人能够安身立命、有所成就的首要要求。《周易》曰:"天行健,君子以自强不息;地势坤,君子以厚德载物。"孔子曰:"弟子入则孝,出则悌,谨而信,泛爱众,而亲仁,行有余力,则以学文。"成小事者靠智,成大事者靠德,德才兼备,以德为本,这是古今中外共同的用人标准。

2019 年 10 月,中共中央、国务院印发的《新时代公民道德建设实施纲要》指出,"把立德树人贯穿学校教育全过程""坚持育人为本、德育为先,把思想品德作为学生核心素养、纳入学业质量标准,构建德智体美劳全面培养的教育体系""不断提升公民道德素质,促进人的全面发展,培养和造就担当民族复兴大任的时代新人"。

从教育生态学视角,现实中的小学德育工作也存在生态失衡的现象,如重智轻德,以学习成绩作为评价学生的主要标准;德育目标大而空,德育形式简单重复,德育方式更多地采用灌输式;作为德育主体的学生参与性、体验性不够;学校德育内容得不到家庭、社会的正确支持与印证。扬长教育坚持育人为本、德育为先的原则,努力探讨"扬长厚德"模式,打造立体化德育网络,实施立体

化德育内容,形成有益于学生身心健康成长的德育文化,促进学生真、善、美之健全人格的形成,培育品学端正、身心健康、自尊自信、不断超越自我的学生,促进学校内涵发展。

一、构建学校、家庭、社会"三位一体"的立体化德育网络

建立校内德育体系是加强德育工作的基础性工作。学校成立以校长为组长的德育工作领导小组,建立以"分管副校长—学生发展中心主任—大队辅导员—班主任"为主线的德育管理体系。少先队组织是德育工作的重要力量,而班主任队伍则是中坚、骨干力量,要通过班主任论坛、德育工作研讨会等形式不断提高班主任的专业化水平。在此基础上重点强调每位教职工都是德育工作者,人人都要站在育人的高度教书。

"家长参与"是现代学校制度的重要内容。学校成立家长校务委员会,学校发展规划、重要工作都要取得家委会的支持。每学期组织家长学校培训,邀请专家到校或由学校领导、班主任培训学生家长,提升家庭教育理念,提高家长教育素养。开通多条家校沟通的绿色通道,包括家长开放日、致家长一封信、发行校报、学校网站及班级博客等。家访是家校沟通的重要渠道,教师深入学生家中与家长面对面沟通,其效果是其他任何形式所无法比拟的。教师家访本身体现了教师的责任心与爱心,有效的家访既能感动家长取得他们的支持,又能感化学生。因此,学校每学年都应该组织家访活动,实现教师对学生家庭普访。

学校与周边的驻军、企业、景区等结为共建单位,确定校外德育基地,每学年组织学生军训,组织学生到德育开展各项实践活动。学生重视开发利用校外资源,让学生聆听窗外声音,拓宽学生受教育的渠道。

二、确立分层次的德育目标、传统美德与时代精神相融合的德育内容,实现德育目标、德育内容的立体化

(一)扎实开展养成教育

我们以学生风范、学生诚信守则、学生必须养成的 50 个习惯、学生文明礼仪常规等为抓手,将养成教育落到实处。从下课向老师鞠躬道谢"老师您辛苦了"、课间摆放学习工具、敬标准队礼、遇到几名老师怎样问好等细节抓起,强

化文明礼仪教育,培养学生良好的学习、生活习惯。

(二) 弘扬中华传统美德

爱国、正直、诚信、孝心、责任等中华优秀传统美德是重要的德育内容。课程中可挖掘的传统美德教育渗透点很多,读书、经典诵读等活动都是直接的教育,再通过举行如"知诚信、讲诚信,做文明少年"演讲比赛和"中华传统美德故事比赛",让传统美德成为学生成长的根基。

(三) 加强时代精神教育

学校教育要把握时代发展的脉搏,结合发生在当下的大事件,挖掘学生熟悉的、易于接受的时代精神。无论是神舟飞船遨游太空、嫦娥五号月球探测器实现九天揽月,还是世博会、世园会的举办,包括面对重大自然灾害、重大疫情的众志成城与一方有难、八方支援,学校都要把握教育契机,举办相应的活动,弘扬以改革创新、爱国敬业、科学发展为主旋律的时代精神。

(四) 突出环保教育

如何应对日益恶劣的环境问题是全世界共同面临的难题,环保教育、生态教育必须从小学教育开始。幼学如漆,学校通过开设环境教育课程,开展研究性学习,组织环保活动,让学生从小学习掌握环保知识,树立环保意识,参与环保行动,培养环保责任,将可持续发展的种子播在学生幼小的心田,长大后就会生根、发芽、开花、结果,外化体现人的素养。

三、加强扬长教育环境文化建设

"文化如水,育人无声",实施扬长教育要求学校以"文化品位、现代信息、人文精神"为理念,着眼于环境文化氛围对学生的熏陶和感染,让每一面墙壁会说话、每一处景观能育人。

晓望小学以生态环境文化浸润每个孩子的心田。校园中的每一面墙壁都能说话,每一处景观都蕴含着深刻的寓意。校园整体色彩以"绿"为主,景、路、园有机结合。校园如花园一般,雪松枝繁叶茂,水杉高大挺拔,玉兰花、樱花每年如期绽放。海洋文化长廊、书香长廊、安全文化长廊、环保教育长廊和国学墙、生态墙等,如一部部真实生动的教科书;"杏坛追梦"主题石雕、感恩亭等景观每天影响着学生。而 PAD 教室、录播室、海洋教育室、沙盘游戏室及天文台和学生创客中心等又为学生提供了现代化的学习资源。教学楼突出学习方法、行为习惯养成、中华传统美德等主题,学生公寓突出温馨舒适的"家文化",餐厅突出勤俭节约、科学饮食主题,形成有特色的长廊文化、景观文化,使整个校园充溢着浓厚的文化气息。

姜哥庄小学以乐读楼、乐知楼、乐行楼命名学校建筑,教学楼墙体上呈现的"为党育人,为国育才""扬长激潜,最优发展"等内容每天激励着学生。正对校园大门的是"胸怀世界,扬帆远航"主题雕塑。抽象的书本书页、水系造型、蓝色地球、展翅的和平鸽等元素,让整座雕塑给人以灵动、向上、厚重的感觉,激励姜小学子胸怀世界放飞梦想,面向大海扬帆远航。在乐知楼、乐行楼之间,有一座金光闪闪的拇指雕塑,底座上刻有学校精神——"自信、自觉、自强"。这座雕塑和乐知楼外墙上"成为最好的自己"的校训互为映衬,激励师生不断超越自我,实现最优发展。乐知楼与乐读楼中间的平台的东西两侧各有一座锈板景墙,一座体现运动主题,另一座的锈板景墙成弧形,外侧突出"少年强、中国强"的主题,节选了《少年中国说》片段、传统文化中激励少年努力的名言和毛泽东、习近平总书记对少年的期望,以竹简的形式呈现。内侧是名人墙,选了十多个古今中外文化名人的头像及名言,激励姜小学生。

学校引导全体师生踊跃参与到校园文化建设中,让每一位教职工代表都积极撰写了文化建设提案,在学生中举行校园提示语征集活动,采用教师、学生的提议进行文化设置,激发全体师生人人争做校园主人的热情。

四、开展丰富多彩的德育实践活动,在实践中实现知行合一

学校开展了丰富多彩的新时代文明实践活动。组织党史知识竞赛、故事比赛、红歌大赛等系列活动,弘扬红船精神、井冈山精神、航天精神、抗疫精神等中国精神,教育学生从小听党话、跟党走,从小做有中国根、民族魂的时代新人。结合传统节日、纪念日开展好专题教育活动。以主题教育月的形式开展德育活动,一至十二月的教育主题分别是传统文化、文明礼仪、学习雷锋精神、弘扬革命精神、劳动最光荣、保护环境、爱党爱国、安全成长、尊敬师长、爱国主义、热爱读书、宪法精神。组织学生背诵古诗文等传统名篇,弘扬爱国、孝敬长辈、诚信、勤俭节约等中华传统美德,增强学生的民族自信心。围绕德育主题通过国旗下讲话、主题班队会、班级宣传栏、比赛活动等形式,提高德育的针对性

与实效性。

学校开展了学雷锋活动月系列活动,如"身边的小雷锋"演讲比赛、为特困生捐款活动,培养了学生乐于助人的美好品德。为学生建立诚信档案,开展"诚信银行"活动,培养了学生诚实守信的道德品质。中秋节举行"爱我中华 梦圆中秋"演讲比赛;母亲节开展了"妈妈祝您妇女节快乐"贺卡制作大赛活动。少先队组织学生小志愿者参加了各种社会公益实践活动,如到二龙山景区、仰口沙滩捡拾垃圾、到社区清理卫生活动。组织学生到二月二农场参加综合实践活动,到湛山革命烈士陵园扫墓,游览中山公园、动物园、海滨雕塑园等,活动过程中重点落实"人过无痕""原样恢复"。

五、完善扬长厚德评价体系

学校积极探索引导学生全面和谐发展的评价方式。提倡教师在学生中实施零起点评价、目标完成评价、多把尺子评价、素质发展综合评价等。建立综合、动态的学生成长档案,及时记录学生成长的点点滴滴。开展各类争章创优活动,营造比、学、赶、帮、超的良好氛围。每当学生取得优异成绩时,可更多地利用学生集会时间进行表彰,目的就是要让更多的学生获得进步的喜悦和成功的体验,让每一名学生都扬起希望的风帆。

健全学校"校园之星"评价体系。设计卡通"生态娃"形象,如健健、聪聪、奇奇、彬彬、乐乐,分别代表了健康之星、智慧之星、创造之星、文明之星、才艺之星。制定校园之星评价标准,引领学生向标准看齐。

健康之星:自尊、自信,养成良好的生活习惯,注意个人卫生,不挑食,不暴饮暴食,积极参加阳光体育锻炼和各项体育活动,在体育方面有一定特长。

智慧之星:勤学好问,爱好读书,课堂上敢于质疑和展示自我,具有良好的学习习惯和广博的知识,学习成绩优秀,能够主动帮助同学一起提高学习成绩。

创造之星:课外知识丰富,动手能力强,具有发散性思维品质和创新精神,积极参加航空航海模型、七巧板、科技创新比赛等,表现突出。

文明之星:诚实守信,勤俭节约,文明有礼,团结友善,校内外用普通话交流,爱护学校公共财物,主动帮助有困难的同学。

才艺之星:积极发展自己兴趣特长,积极参加校内外各类艺术演出或比赛活动,在美术、音乐、舞蹈、书法、朗诵、摄影等方面表现突出。

班级每月组织评选校园之星,发放奖章。学校每学期进行表彰。

第二节　扬长教育德育模式

《小学德育纲要》指出,"学校实施德育必须充分发挥校内、校外各教育途径的作用,互相配合,形成合力,创造良好的教育环境,共同完成德育任务",而且德育应该"贯穿于学校教育教学工作的全过程和学生日常生活的各个方面,渗透在智育、体育、美育和劳动教育之中"。晓望小学努力拓宽德育途径,开展丰富多彩的德育活动,探索扬长德育模式,让德育有机渗透于教育教学的全过程,从知、情、意、行各方面提升学生的思想道德素养,致力于培养学生真、善、美之健全人格。

一、课堂教学与主题班队会模式

新课改以来,每门学科的教学目标都是三维的,即知识与技能,过程和方法,情感、态度、价值观。小学道德与法治课程是国家课程中专门进行德育的课程,小学语文、数学等课程都有具体的情感、态度、价值观目标,学校的各科课堂教学评价标准都应该把德育目标作为重要的教学目标,关键在于教师的落实。培养学生良好的学习习惯、热爱学习的态度与兴趣,培养合作探究、敢于质疑的精神,引领学生树立正确的人生观、价值观、世界观是各学科共同的德育目标,每一学科也有带有学科特色的具体目标,如实施海洋教育校本课程时,可以引导学生体会海洋精神,包括海纳百川的博大胸怀、不舍昼夜地珍惜时间精神、勇立潮头的改革创新精神等;科学课程的教学要在讲授自然常识的同时对学生进行热爱科学的教育,培养学生尊重科学、相信科学的精神以及创新精神和实践能力;体育教学要培养学生朝气蓬勃、不怕困难、勇敢顽强的精神,并通过活动进行集体主义教育,培养集体荣誉感、组织纪律性和合作精神。

在小学德育课程设置中,美国的乔治亚州的西点小学就因其富有成效的做法而闻名。该小学每周集中于一个不同的品格素质进行教育。学校先列出三十种品格素质,如礼貌、守时、尊重他人、耐心、公正、负责、清洁、文明、同情、宽容、诚实、坚持、勤奋，以问卷方式让家长选出他们认为最重要者，然后安排在各周开展教育。纽约州、阿拉巴马州等十多个州还设立了以道德品质为主题的活动周，如"勇气周""诚实周""友爱周"，华盛顿州设立了青少年"荣誉墙"（Wall of Fame），每年将该州三十多名荣誉青少年的姓名刻在墙上，以示表彰。

晓望小学以主题教育月的方式深入开展德育活动，确定了习惯养成月、学雷锋月、海洋教育月、体育节、艺术节、劳动实践月、尊师活动月、爱国主义教育月、读书节、科技节等主题。学校或者班主任要针对每个教育主题进行动员讲话、部署，组织活动，主题月结束后进行总结。每个主题月各班级举行主题班队会，充分体现学生在班队会上的主体地位，班队干部是班队会的重要组织者，班队会的形式包括主题讨论、情景剧表演、辩论赛、报告会等，让学生从被动的参加者变为主动的组织者、参与者。

二、经典诵读模式

"学生因阅读而成长，读书的孩子最美丽"是晓望小学教师的共识。为营造书香校园，增厚学生中华传统文化底蕴，晓望小学制定了创建书香校园活动实施方案，随时开放的师生阅览室、班级图书角等让阅读与陶冶随时随地发生；开发了《学生读书成长手册》，对每一学年必读、选读书目做了规定，记录学生读书成长历程，尤其重视引导学生读经典儿童文学作品。朱永新教授说："一个人的精神发育史，就是一个人的阅读史。"这句话精辟地道出了阅读的重要性，也提醒着我们要为学生提供更优质的读书资源。晓望小学把创建书香校园作为重要的办学目标之一。在对学生课外阅读的调查中，我们发现在不同程度上还存在着读书面窄、读书少、浅阅读等现象。因此，引导学生多读书、读好书、读整本的书，依然是我们面临的课题之一。经典儿童文学作品充分考虑儿童的理解能力和审美需要，贴近儿童的生活和心理，表达儿童的情感和愿望，具有儿童乐于体验、能够接受的审美情趣，呈现出其他文学作品所不具有的"清晰、明确、温和、美丽"（托尔斯泰）。从开发教学资源的角度，从改善学生阅读质量的角度，我们重点向学生推荐了《小王子》《绿野仙踪》《窗边的小豆豆》《爱的教育》《小熊温妮》《汤姆•索亚历险记》《秘密花园》等世界经典儿童文学作品。精品的价值在于传世久远，经典的意义在于常读常新。这些经典图书成为开阔学生阅读视野、培养阅读兴趣和良好的阅读习惯、提高阅读质量的凭借，让学生在经典阅读中增长见识、丰富体验并有所感悟。

扎实开展经典诵读活动。低、中、高年级的学生分别能够熟练背诵课标要求背过的古诗,在此基础上,分年级段组织学生背诵《三字经》《笠翁对韵》《弟子规》《论语》等,让学生从小"与经典同行,和圣贤为友"。学生在背诵的过程中不仅完成了语言的积累,更重要的是从中汲取了中华民族传统美德的精华。学生现在时不时地引用一句古语,许多家长都很吃惊。有的家长还利用这些经典中的名言教育学生,如用"父母呼、应勿缓,父母命,行勿懒"提醒学生听从教导,收到了很好的效果。每学期举行古诗文诵读校园冠军比赛,学生从最初满足于完成课程标准的规定动作,到后来毕业时能够背过二三百首古诗,语文素养和思想品德素养都得到了明显的提升。晓望小学创建为青岛市国学学会传统文化教育基地。学校每年十一月份举办读书节,课本剧大赛、读书征文比赛、美文诵读、小主持人大赛等推动了读书活动的深入开展;举行低、中、高学段"最美的书签"制作大赛和"童年诗会"。学生诵读表演的节目《古韵童趣》获得青岛市中小学生经典诵读比赛二等奖,《中秋吟诵》等参加了崂山区中秋诵读、端午诵读演出多次获得一等奖。

三、情境体验式德育模式

在德育教育实践中,我们常常会遇到这样的问题,学生听到的记不住,看到的容易忘,只有亲身体验的才刻骨铭心。

成立于1963年的美国杰斐逊品德教育课程中心推出了STAR课程,主要包括两个方面:一是可以被融合到常规课程中的短小而易于跟上的周课程;一是反映在班级海报上的每月品格教育主题。课程教给学生解决问题和冲突的四步决策法,即著名的"停下、思考、行动、回顾"(Stop, Think, Act, Review)系统,将四个单词的首字母提取出来简称"STAR"系统。这种课程还告诉学生要承担自己的行为后果,发展并提高自信心、自尊心和乐观态度,建立并实现现实的目标,提高参与、守时、可靠等个人责任感。

晓望小学紧扣时代脉搏,结合传统节日、纪念日开展各类实践活动,增强学生的情感体验。组织学生参加社会实践活动和研究性学习,先后组织学生参观了青岛军事博物馆和中国海洋大学海权博物馆、青岛极地海洋世界、青岛中山公园和动物园、青岛海底世界等,组织学生到青岛革命烈士陵园扫墓。每年组织学生到二月二农场开展实践活动。还举行了学雷锋活动、"童心献爱心，义卖寄深情"爱心义卖活动，到二龙山景区开展环保美容活动等，让学生在活动中开阔学生眼界，培养学生参与公益事业的习惯和责任感。外出实践活动重点落实"人过无痕"和"原样恢复"，每次活动中，学生都会自带垃圾袋，不仅会把自己产生的垃圾及时收集带走，还会把他人扔的垃圾捡起来，一切设施设备在用完后要恢复到原来的样子，一开始学校通过班级量化管理进行监督，到现在学生们已经形成了习惯。

每学年组织隆重的毕业典礼，毕业献词、领导教师致辞、校服接力、赠送礼物、颁发毕业证书、汇报演出等内容，总会让参与的每一名学生、每一位家长受到感动，"今天我以母校为荣，明天母校将以我为荣"的口号激励着从晓望小学毕业的每一个学生。

四、美育、体育陶冶模式

英国教育家洛克有一句教育名言："健康之精神寓于健康之身体。"晓望小学深入推进"阳光体育"运动，落实亮眼工程，"两操一课"水平不断提高，开展学生每天锻炼一小时活动，体育成绩保持街道一流水平。晓望小学依托地处螳螂拳的发源地——华严寺景区这一得天独厚的条件，与螳螂拳第八代传人王兴来先生合作，精心编排了一套螳螂拳武术操，面向全体学生进行普及推广，举行了全校螳螂拳武术操大赛。青岛市《半岛都市报》《城市信报》《齐鲁晚报》等媒体先后给予了报道。晓望小学获得青岛市阳光体育案例评选二等奖，被确定为崂山区非物质文化遗产传承基地。深入实施"体育艺术2+1项目"，晓望小学通过组织课内外体育教育和艺术教育活动，让每一名学生掌握两项体育运动技能和一项艺术特长，并于每年四月份、六月份分别举行体育节、艺术节。

晓望小学开展丰富多彩的艺术教育活动，让学生学会欣赏美、感受美、表现美、创造美。每周三下午设置"七彩学堂"，剪纸、乒乓球、轮滑、电声乐队、口风琴、舞蹈、合唱、毛线画、贝雕、书法、美术、茶艺表演等二十余项艺体课程同时开课。电声乐队、剪纸、乒乓球小组全部聘用专业教师进校指导。活动成果在庆祝六一儿童节大会暨艺术节开幕式上进行全面展示。丰富多彩的校园生活提升了学生的校园生活品质，培养了学生健康的情趣和健全的人格。

德育是无处不在的，德育的高境界是不留痕迹地教育，是直抵学生心灵的教育,需要教师敏锐把握德育契机,潜移默化,润物无声,在学生心中种下真、善、美的种子,让教育在不知不觉中发生。

案例:

赞美的力量

宋　文

教师的赞美是一座桥,能沟通教师与学生的心灵之河;教师的赞美是一种无形的催化剂,能增强学生的自尊、自信、自强;教师的赞美越多,学生学习的劲头就越足。教师都有这样一种感觉,班里总有几个学生既不勤奋上进,也不招惹是非,对班级一切活动既不反对抗议,又不踊跃参加;虽然学业平平,却不名落孙山。一般情况下,既得不到老师的表扬,也不会受到老师的批评,是一些容易被老师忽视和"遗忘"的学生。我班的吴腾辉同学就是这样一个看似没什么特色的学生。在我教他的这一年多的时间里,我几乎没注意到他的存在。直到有一天,一件微不足道的小事改变了我对他的看法,好像也改变了他自己。那是一次课间操,由于下课稍微晚了点,学生都急急忙忙地往外挤,我站在讲台上维持着秩序,正好门后面的拖把倒了,学生光顾着挤,好像没有注意到横在地上的拖把。这时,吴腾辉同学挤了过来,告诉大家看着点,别绊倒了,然后拿起来了。我被这一幕感动了,做完操回教室后,立刻在班级表扬了吴腾辉同学,并尽力赞美了他关心集体,为他人着想的好行为。

此后,我又从几件小事里发现了他性格中闪光的地方,并及时给予表扬,使真善美的精神得以激发和升华。渐渐地我发现他变了,上课特别认真,作业完成得很好。后来,我抓住机会就表扬他,"其实,你挺聪明的""你最近几天又进步了""今天听写单词才错了两个,你真棒呀"……很快,他的学习成绩也有了很大的提高。这件事给我启示颇深,从此,我开始注重以人为本,面向全体,细心观察,捕捉他们身上的每一个闪光点,及时把赞美送给每一个学生,使之发扬光大,使每一名学生都感到"我能行""我会成功"。

有爱大声说出来

隋秀丽

班里有一个学生叫小东，他的脾气火爆，经常和同学吵架，一言不合就动手。我和他谈过话，又请他父亲到学校面谈，才知道，小东的母亲信奉"棍棒教育"，调皮的小东只要犯错，他的母亲就非打即骂，拳脚相加。受此影响，小东也用暴力的方式回应同学之间的冲突。同学们对小东避之不及，不愿意和他一起玩，小东找不到玩伴，很愤怒，就出手打人……小东的父亲无奈地表示，小东的母亲很固执，他多次劝说不要打骂孩子，但她依然如故。

既然无法改变父母的言行，只能想办法引导孩子向美向善。

美国儿童心理学家鲁道夫德雷克斯说："一个行为不当的孩子，是一个丧失信心的孩子。"他认为，"孩子们需要鼓励，就像植物需要水。鼓励对于孩子们的健康成长和发展是至关重要的"。

怎样帮助小东和同学们友好相处呢？我决定开一个主题班会——"感恩的心"，让学生们说出对彼此的感激，感受温暖的关爱。

班会开始前，我用手托起一支粉红色长颈鹿造型的笔说："今天，我们请来了一位小客人'暖暖'，谁说出对别人的感激，就把它放在手心，让'暖暖'分享我们的温暖，好吗？"学生们用热烈的掌声表达了对"暖暖"的欢迎。

"谁来做第一个说出感谢的人？"话音刚落，小莎就迫不及待地举起手来，她紧紧握住"暖暖"说："我要对体育班长说谢谢，因为他每天中午帮我们挑起食堂的门帘，自己总是最后一个进入食堂吃饭，感谢他帮助别人，先人后己。"体育班长憨笑着涨红了脸。

接着，个子不高的小毛高举起手，几乎要从座位上站起来。他接过"暖暖"，笑嘻嘻地说："我要感谢小申，昨天，他教我怎样投篮。"我有些意外，上学期小毛和小申因为抢篮球还打过架呢。看来，学生们的心胸都宽阔了许多，懂得怎样和别人相处了。

班里的气氛越来越热烈，学生们争先恐后地表达着谢意，感受着彼此关爱的幸福，真是暖意融融啊……

我瞥了一眼坐在角落里的小东，有些担心起来，没有同学关注到他吗？

这时，小刚站起来，他转过头，盯着最后一排的小东说："我要感谢小东，体育课上,我不小心摔倒了,是他背我回教室的。""真的吗?"我惊喜地追问。"嗯。"小刚肯定地点点头,又大声说:"小东,谢谢你!"小东显然没想到会有同学感谢自己,他先是惊讶地抬起头,继而又害羞地低下头,嘴角浮起浅浅的笑意。

"让我们一起为乐于助人的小东鼓掌!"我大声提议,顿时潮水般的掌声响了起来,我想,此刻小东的心里一定乐开了花。

"老师,我也想对同学说声感谢。"平日在课堂上沉默的小东也大胆地举起了手,他小心翼翼地接过"暖暖",对同桌借给他钢笔表达了谢意。

长颈鹿"暖暖"继续在学生们的手中传递着,也在传递着爱和温暖……

此后,小东打人的现象再没发生,当遇到冲突时,他会首先想想同学的好,比以前理智了许多。

这节班会拉近了学生们心与心的距离,增进了彼此的友谊。现在,长颈鹿"暖暖"就站在我们班的橱柜顶上,身边放了一个本子,名字是"收集爱的阳光"。学生们随时把彼此的关爱记下来,让温暖的春天常驻每个人的心间。作家冰心说过:"爱在左,同情在右,走在生命的两旁,随时撒种,随时开花,将这一径长途,点缀得香花弥漫……"有爱大声说出来,愿每一名学生都在爱的芳香中快乐成长。

音乐的力量
——孩子,愿你成为最好的自己

王玉秀

苏霍姆林斯基说:"音乐教育——不是培养音乐家,而首先是培养人。"我一直非常赞同大师的这句话,也在自己的音乐教育中努力践行着这句话。

初识

这是两个特别调皮的男孩,我经常会听到班主任无可奈何的叹息:"前脚嘱咐完,抬脚就犯错。"元旦举行的歌咏比赛中,我终于见到了传说中的"主人公"。他们合唱了歌曲《外婆的澎湖湾》,意外的是,两个"调皮鬼"的嗓音非常清澈、干净,音准也很好。就这样,我记住了他们。

接纳

新学期,陶笛社团开始招贤纳士。那天,班主任不好意思地领着他俩来找我,问我可不可以让他们进社团。我看着他们的眼睛,真诚地说:"老师觉得你们能行!你们自己觉得呢?"浩浩的眼睛里有了特别的光亮。之后,班主任说:"太调皮了,每周的社团课他们都是在我的办公室里度过的。"我陷入了沉思……

下午我找小哥俩谈心,最后我们三人约定"每天进步一点点"。因为我记得苏霍姆林斯基说的那句话——"应该使儿童的时间充满使他们入迷的事,这些事又能发展他们的思维,丰富他们的知识和技能,同时又不致破坏童年的情趣"。

向上

社团课前夕,他俩积极地跑到我办公室说:"老师,有什么需要我帮您的?"我拍了拍两个人的肩膀,郑重其事地说:"老师要任命你俩为我的助手,你们能做好吗?""能!"我听到了坚定有力的回答。

社团课上,我宣布了对他们两个的任命。那一刻他们的脊背挺得直直的,我感受到了一种向上的力量。接下来的几节课,他们表现得非常棒,我时不时地向他们竖起大拇指。班主任聊起来也说他们表现比之前好了很多,一切似乎都在慢慢地朝着预期的、美好的方向发展。

风波

"老师,帅帅用手指弹我的头!""老师,浩浩抢我的陶笛了。"刚踏进教室,告状声此起彼伏。两个人身上一些不好的毛病又开始反复了。我们常说21天养成好习惯,这个好习惯的养成具有不稳定性,因此学生良好品德的形成必然具有长期性和反复性。但是周边小伙伴不理解呀,他们只看到同伴又调皮了。我示意同学们安静下来,让他俩站起来大声地叙述事情的原因、经过。俩人越说头越低,越说声音越小。我知道,他们从心底认识到自己的错误了。我又让他们走到同学们面前诚恳地道歉,握手言和。很快,教室里又响起了悠扬的陶笛声。

课后,我肯定了他们进步的同时,严肃地批评了他们的不恰当的行为。两个男孩惭愧而又诚恳地说道:"老师,我们这几天的确不对,但我们一定相互提醒,每天进步一点点。"我和他们击掌为盟。我坚信:一切会越来越好!

蜕变

接下来的日子,社团课上他们真的表现越来越好,很认真、很守纪。抽查吹奏,他俩十有八九都能顺利通过。我和同学们一起鼓掌祝贺他们时,浩浩会调皮地做个鬼脸,帅帅会不好意思地挠挠头,他们眼神里透露出的自信让我欣慰。同学们告状的少了,校园里碰到我,帅帅会老远停下来行一个标准的队礼。六一文艺汇演,我特意申请让陶笛社团进行了汇报演出,这应该是他们第一次这么正式地、骄傲地在全校师生面前展示自己。看着他们脸上的神采、眼睛里的光亮,我幸福极了。

"扬长激潜,让每个儿童得到最优发展",这是我们崂山区姜哥庄小学的办学理念,相信在全体教师的共同努力下,我们的每一个学生都会成为最好的自己!

第三节　传承中华优秀文化,培育民族文化基因

习近平总书记在党的十九大报告中指出:"文化是一个国家、一个民族的灵魂。"中华优秀传统文化是中华民族的精神命脉。学校担负着文化传承的重任,深入挖掘中华优秀传统文化蕴含的思想观念、人文精神、道德规范,让中华文化展现出永久魅力和时代风采,是学校教育的重要内容。

为更好地传承中华优秀文化,青岛市崂山区石老人小学充分挖掘国家课程、地方课程中的传统文化要素,同时基于学生成长需要和地域资源,开发了系列校本课程,形成了以传承传统文化、传统美德为课程目标的人文课程群和以学习传统技艺为课程目标的艺体课程群。

一、文化经典,照亮人生

传统文化中的经典著作和诗文是中华文明的载体,凝聚着前贤先哲的思想和智慧。学生从小诵读经典,既可以厚实语言积累,又能从中汲取做人、做事、做学问的智慧,对于学生树立民族文化自信、增进民族文化认同有重要意义。

石老人小学开发了校本课程"中华经典文化选读""走近孔孟之道",精选

适合学生朗读背诵的名句名段，每天晨诵午读，让学生从小"与经典同行，和圣贤为友"。每年校园读书节举行"古诗文诵读校园冠军"比赛，学生人人参与，近几年的校园冠军背诵古诗达 400 余首。重视学生对经典的理解运用，引导学生写作时能引经据典，生活中能够将中华传统美德内化于心，外化于行。幼学如漆，练好古诗文诵读的童子功，将为学生终身发展打下坚实的基础。

二、传承技艺，滋养心灵

传统技艺中同样蕴含着先人的智慧，大多具有地方色彩，属于非物质文化。传承传统技艺，使传统技艺后继有人，既是对非物质文化的保护，同时也是培养学生欣赏美、表现美、创造美的重要途径。

石老人小学基于学生发展需求，立足地域特色文化，充分挖掘周边教育资源，开发了校本课程"走进非物质文化"。开设面塑课程，传承胶东面塑文化，成立面塑手工实践坊，聘请民间艺人到校传授面塑、面灯制作工艺，普普通通的面团，在学生们灵巧的手中几经揉、搓、捏、塑，再配合以点、切、刻、划等工序，塑造了栩栩如生的面塑艺术形象。开设剪纸课程，聘请当地著名的民间艺人每周到学校为学生传授剪纸技艺，学生已经创作完成《五十六个民族》《喜庆十九大》《崂山民间故事传说》等系列剪纸作品，在青岛市剪纸大赛中获得一等奖和优秀组织奖。石老人小学还开设了茶艺、武术、国画、书法、抖空竹等课程。学生们通过对传统技艺的学习，充分感受到传统文化的魅力，动手实践能力和创新精神得以培养，校园生活品质得到丰富和提高。学校因此被评为中华优秀文化艺术传承学校。

三、传统节日，丰富情感

传统节日是中华传统文化中的重要组成部分和表现形态，承载着人们对美好生活的希望和祝福，具有独特的教育价值。同时，传统节日作为学生生活的一部分，能够在潜移默化中对学生进行无声的教育。石老人小学以传统节日、自然四季、二十四节气及其背后的中华传统文化、自然科学、生活习俗为主线，开展研究性学习、主题实践活动、主题班队会等。开展"我们的节日"主题活动，围绕春节、清明节、端午节、中秋节、重阳节等节日开展一系列学习实践活动。开展了"我们的节日——端午"经典诵读比赛、"爱我中华，梦圆中秋"演讲比赛、"传承家风，感恩亲情"合唱比赛等，丰富了学生的情感和精神家园。

四、环境文化，育人无声

传统文化中的自强不息、报效国家、诚实守信、天人合一等思想，对于今天的学生依然具有重要的现实指导意义。中华优秀传统文化是学校文化建设的重要内容。学校走廊文化突出"传统文化，民族精神""红色基因，中国精神"主题，国学苑中呈现经典著作中的经典句段，"杏坛追梦"主题石雕上呈现了历史长河中取得伟大成就的孔子、司马迁、王羲之等人的雕像和名言，餐厅楼"静以修身，俭以养德"的名言时刻提醒着学生。整个校园充溢着浓厚的中华优秀传统文化气息，学生每天浸润其中，达到了"文化如水，育人无声"的育人效果。

今后，石老人小学将继续致力于传承中华优秀传统文化，以中华优秀文化滋养学生心灵，为学生涂好厚重的人生底色，培养有中国根、有中国心、有中国范儿、有民族自信心的堂堂正正的未来建设者和接班人。

附：

六年级传统文化《道法自然》教学设计

执教人：于新良　　学校：青岛市崂山区姜哥庄小学

一、教材简析

本课主要选取《庄子》《老子》《汉书·艺文志》中的三段关于道家的论述。一方面引导学生感受古代汉语言文字的魅力，另一方面通过理解古文含义使学生明白道家的起源及其核心思想，让人们顺应自然本身的发展规律，与自然融为一体。"温故知新"采用了问答题的方式，"请说说你对道法自然'清静无为'的理解"，这个问题既是对课文的复习回顾，也调动了学生学习的自主性，启发学生用自己的语言来表达自己的看法。"日积月累"补充了中国近代历史学家、国学大师吕思勉《先秦学术概论》中对道家在中国哲学史上的根源性地位的充分肯定，以及鲁迅对《老子》一书的赞美。可以以此为契机，广泛搜集相关语句，加深学生对道家思想的认识。

二、教学目标

1. 借助"字词释义""诗文通译"读通、读顺原文并理解。

2. 通过解读原文及诵读积累《道德经》中的名句,让学生感受中华传统文化中道家思想的魅力。

3. 引导学生联系生活实际理解"道法自然""无为而治",从道家思想中汲取人生智慧。

三、教学重点

1. 积累《道德经》中的名言,感受道家思想的魅力。

2. 理解并感悟"道法自然""无为而治"的思想。

四、教学准备

1. 师生搜集关于老子、《道德经》的相关知识;补充《道德经》中的名言。

2. 制作图文并茂、体现道家思想的教学课件。

五、教学过程

(一)导入新课

同学们,中华传统文化源远流长、辉煌灿烂,上节课我们感受了提倡仁义礼智信的儒家思想、孔孟之道,今天让我们走进博大精深的道家文化。

(二)小组交流汇报课前搜集的关于老子、《道德经》的相关知识

关于道家思想流派,你搜集了哪些资料?(创始人、经典著作、庄子)

课件出示:

老子,姓李,名耳,字聃,春秋末期楚国人,是道家思想流派的创始人。相传他写作《道德经》五千言,又称《老子》,是道家思想的经典,内容涵盖宇宙自然、哲学伦理、人性修养、治国之道等,备受后人推崇。(指名读,板书:代表人物 经典著作)

补充:德国著名哲学家黑格尔非常佩服老子,认为老子真正代表了东方的哲学智慧。而且,当今世界发行量最大的两部书是《圣经》和老子的《道德经》。老子的《道德经》为什么有这么大的魅力呢?老师从《道德经》里面节选了几句话,同学们读一读,借助注释理解,说说你最喜欢哪一句,为什么喜欢。

诵读、积累《道德经》中的名言,初步感受其魅力。

课件出示:

知人者智,自知者明;胜人者有力,自胜者强。——《老子·第三十三章》

祸兮,福之所倚;福兮,祸之所伏。——《老子·第五十八章》

治大国,若烹小鲜。——《老子·第六十章》

天下难事,必作于易;天下大事,必作于细。——《老子·第六十三章》

合抱之木,生于毫末;九层之台,起于累土;千里之行,始于足下。——《老子·第六十四章》

小组内交流自己最喜欢的一句以及喜欢的原因。(大道至简,通俗易懂的语言里面包含着大智慧;点评——形象写出治理国家要谨慎,不能折腾老百姓)

传统文化课就是要多积累经典语言,选两句最喜欢的背诵一下吧。(指名背)你觉得《道德经》中的这些话对你有启发吗?我们要善于从中华优秀传统文化中汲取智慧。

(四)引导学生了解老子和道家思想的地位

出示《庄子》《汉书·艺文志》中的两段关于道家的论述,读通、读顺、说说理解。

(五)体会"道法自然"、无为而治思想

刚才我们通过诵读《道德经》里面的几句话,初步领略了道家思想的博大精深。我们知道儒家思想的代表人物是孔子,儒家思想主张仁义礼智信,要格物、致知、诚意、正心、修身、齐家、治国、平天下。那么道家思想的核心主张是什么呢?自己读读《道德经》中这几句话,想想这些话中体现的道家思想的核心主张是什么?

课件出示:读《道德经》中的句子,你认为道家思想的核心主张是什么?结合具体的句子谈一谈。

1. 出示《道德经》中名言,诵读、理解。

是以圣人处无为之事,行不言之教。——《老子·第二章》

上善若水,水善利万物而不争,处众人之所恶,故几于道。……夫唯不争,故无尤。——《老子·第八章》

人法地,地法天,天法道,道法自然。——《老子·第二十五章》

故天之道,利而不害;人之道,为而弗争。——《老子·第八十一章》

你认为道家思想的核心主张是什么?理由是什么?——结合句子谈一谈。

小组交流。(指名谈)

2. 你认为"道法自然""顺其自然""清静无为"有道理吗？（投图片）判断哪些遵循了道家思想？（课件：在每幅图片后面留有括号,学生回答完后打对号、错号）

（1）日出而作,日入而息——远古时期,劳动人民创作的民谣中就有这样一句话。（晚上熬夜玩游戏——好的作息规律就是道法自然,影响健康）

（2）春生夏长,秋收冬藏。（顺应四季季节特点）

（3）瓜熟蒂落。（遵循生物成长规律）

有没有不顺其自然的例子？

强扭的瓜不甜。

拔苗助长——结果适得其反。

乱砍滥伐树木破坏环境——水土流失、土地沙漠化。

3. 联系生活实际、个人理解讨论。

"顺其自然""清静无为"与"任其自然""无所作为"有何区别？（道法自然、无为而治,是指在按照自然本来的客观规律,顺其势而行的原则基础上,不折腾,不乱为,以一种无为的形式来达到无不为、无所不为的目的。它完全是积极的、主动的、智慧的、有作为的。而"任其自然""无所作为"则是指放任自流,听之任之,完全不管,或者妄为、乱为,或者懒惰、不为,是被动的、消极的、没有作为的）

（六）出示吕思勉、鲁迅、罗素的评价

道家之学,实为诸家之纲领。诸家皆专明一节之用,道家则总规其全,诸家皆其用,而道家则其体。——吕思勉《先秦学术概论》

不读《老子》一书,就不知中国文化,不知人生真谛。——鲁迅

英国科学家李约瑟说："中国文化就像一棵参天大树,而这棵参天大树的根在道家。"

（七）谈谈本节课的收获

小结："道法自然"的思想在现实生活中有着重大的意义,它不仅是指导我们个人人生的准则和指南,也影响着治理国家大政的重要方针和策略。一个人,一个国家,只要"顺其自然",按自然规律办事,就有广阔的发展空间和光辉的未来。

（八）布置作业

积累、背诵《道德经》中的名言;尝试借助注释读《道德经》。

五年级传统文化《自强不息》教学设计

执教人:于新良　学校:青岛市崂山区姜哥庄小学

一、学习目标

借助"字词释义""诗文通译"理解课文含义;

通过多样的学习活动,引导学生体会自强不息的民族精神;

结合生活实际,说说自强不息的事例,培养自强不息的品质。

二、学习重点、难点

理解、体会自强不息的精神能使人志向远大、意志坚定、不怕困难、百折不挠,是本课的难点;

通过拓展阅读、联系生活实际让自强不息的精神内化于心、外化于行,是本课的重点。

三、教学过程

（一）温故知新

1. 回顾本学期学过的关于善与恶、义和利、真和伪、进与退的经典语言。

2. 出示课题,理解自强不息。

引用老子的《道德经》中"知人者智,自知者明。胜人者有力,自胜者强",告诉学生战胜自己才是真正的强大。

3. 出示姜哥庄小学的学校精神:自信、自觉、自强,每一位师生充满自信,生命自觉,不断超越自我,成为最好的自己。

4. 我国最高学府之一清华大学的校训是"自强不息,厚德载物"。介绍梁启超演讲引用的《周易》中的话。

（二）品味经典

1. 出示:天行健,君子以自强不息。地势坤,君子以厚德载物。——《周易·乾卦》

（1）齐读,试说对这句话的理解,小组交流。

（2）读译文。

（3）这句话重点说天地还是君子？说天的强健有力和地的厚实和顺,都是为了突出君子的品质。（板书:自强不息,厚德载物）

（4）这句话告诉我们什么呢？

（5）大声诵读是学习传统文化经典的重要方法,带着理解齐读,指导读得强健有力。

2. 出示:曾子曰:"士不可以不弘毅,任重而道远。仁以为己任,不亦重乎? 死而后已,不亦远乎? "——《论语·泰伯》

（1）借助注释说说这句话的意思。小组交流。

（2）指名理解,投句意,指名读。"志向远大,意志坚定"是哪个词语的意思? 指导:学习文言文时,只要理解其中的关键字、重点词的意思,然后用现代的语言说出来就可以。

（3）"不可以不"这是——双重否定,表示肯定的意思,指导读出肯定、坚定的语气。"不亦重乎? 不亦远乎? "这是——反问句。否定的反问表示肯定的意思,指导读出反问语气。

（4）为什么说任重? 把什么作为任务? ——仁以为己任,把施行仁德作为自己的责任和使命。为什么说道远? ——死而后已,只要活着、生命不停止就一直努力,一生的追求,一辈子的路途很遥远。

指导:文言文和现代文一样,句子之间是有联系的,要联系上下文来理解。齐读。

（5）怎样理解死而后已的"已"? 之前学过的传统文化经典中有没有出现过这个字? 出示:

死而后已:死了才停止。贡献一生的力量,直到死去。

学不可以已:学习不可以停止,即学习是无止境的。

指导:学习文言文要注意积累一些重点字的意思,当在不同的语言环境下出现时可以想一想是否是同样的意思。

（6）曾子的这句话告诉我们什么呢? 师:人一定要有远大的志向,就像周恩来从小立志为中华崛起而读书,并且一生鞠躬尽瘁,死而后已。

（7）一起诵读,带着自己的理解读。

3. 出示、齐读:岁不寒,无以知松柏;事不难,无以知君子。——《荀子·大略》

这句话怎样理解？引导理解、运用。

当我遇到困难想放弃时，我会用这句话勉励自己，齐读。

当我的朋友遭遇挫折灰心丧气之时，我会这样劝他，齐读。

面对困难、挫折也要顽强不屈，在恶劣的环境中也要意志坚定，再读。

4. 引导背诵，齐背，指名背诵。

天行健，君子以自强不息。地势坤，君子以厚德载物。——《周易·乾卦》

曾子曰："士不可以不弘毅，任重而道远。仁以为己任，不亦重乎？死而后已，不亦远乎？"——《论语·泰伯》

岁不寒，无以知松柏；事不难，无以知君子。——《荀子·大略》

布置课后背诵积累这些经典名言，从中汲取人生智慧，做到内化于心，外化于行。

（三）拓展阅读

1. 自强不息是中华民族生生不息的力量源泉，自读学习单上的两个成语故事——囊萤映雪、凿壁偷光，思考应该向他们学习什么？

2. 自读卧薪尝胆、东山再起，受到什么启发？（板书：不怕困难，百折不挠）

3. 小结：在中华民族悠久的历史长河中，还有闻鸡起舞的祖逖，有头悬梁锥刺股刻苦读书的苏秦，有精忠报国的岳飞，有收复台湾的民族英雄郑成功……他们都是自强不息的中国人的代表，值得我们敬仰和学习。

（四）日积月累

1. 出示：石可破也，而不可夺坚；丹可磨也，而不可夺赤。——《吕氏春秋·诚廉》

石不可夺坚、丹不可夺赤是为了强调、衬托什么？——人不可夺志。

补充《论语》中的句子：三军可夺帅也，匹夫不可夺志也。——《论语·子罕》

指导读，读出坚强的意志、坚定的信念。

2. 出示：沉舟侧畔千帆过，病树前头万木春。——刘禹锡《酬乐天扬州初逢席上见赠》

学生读诗句及意思。

小结：千帆竞发，万木争春，人类历史的车轮滚滚向前，生命生生不息、绵绵不绝，新事物总会取代旧事物。再齐读。

（五）联系生活

现实生活中有没有自强不息的例子？小组内交流。指名交流。

出示 2022 年北京冬季残奥会运动员事例：刘子旭因车祸而伤残，他不得不结束射箭生涯。但刘子旭经过不懈努力，"跨界"成为越野滑雪运动员，并在北京冬残奥会上夺得首金，既为祖国争光，也为自己的人生写下了华美篇章。

师：这些运动员虽然身体残疾了，但是他们身残志坚，以顽强的毅力为国争光，这就是自强不息的精神！健康的我们，没有理由不努力，没有理由不珍惜自己的青春年华。

（六）传承精神

中国近代著名的启蒙思想家、史学家梁启超写下了《少年中国说》，勉励青少年担当使国家富强、民族自由的重任，配乐诵读"故今日之责任……国雄于地球"。

小结：在中国共产党的领导下，中国人民自强不息、众志成城，实现了从站起来到富起来到强起来的伟大飞跃，青少年一代更要传承自强不息、百折不挠、发愤图强的民族精神，为实现中华民族伟大复兴而努力学习。

作业：背诵关于自强不息的经典名言；背诵刘禹锡的《酬乐天扬州初逢席上见赠》。

第四节　创建国际生态学校

国际生态学校是国际环境教育基金会面向全球中小学开展的最大的环保项目，共有 50 多个国家的学校参与。目的是引领中小学建设生态美丽校园，提高学生对可持续发展的认识。环境保护部宣教中心 2009 年在中国正式启动国际生态学校项目，2013 年评选出第四批获得国际生态学校绿旗荣誉的学校，全国共 67 所，其中山东省 7 所，晓望小学是青岛市 2013 年度唯一获此殊荣的学校。

晓望小学得以加入国际生态学校，主要因为其实施的环境教育取得了突出的成绩。晓望小学先后被评为青岛市花园式学校、青岛市绿色学校、山东省规范化学校、山东省 AAA 级健康校园、山东省绿色学校等,因环保教育特色被评为崂山区首批特色学校。党的十八大报告指出:"建设生态文明,是关系人民福祉、关乎民族未来的长远大计。面对资源约束趋紧、环境污染严重、生态系统退化的严峻形势,必须树立尊重自然、顺应自然、保护自然的生态文明理念……努力建设美丽中国,实现中华民族永续发展。"这进一步坚定了晓望小学贯彻科学发展观、实施生态环保教育的信念。晓望小学先后创建为山东省环境教育基地、全国环境教育示范学校、青岛市海洋教育示范学校。

一、加强生态环境基础设施和环境文化建设,为实施环保教育提供保障

建设生态美丽校园是晓望小学的办学目标之一。晓望小学所处环境得天独厚,位于风景秀丽的崂山仰口湾畔,依山傍海,崂山笔架山、二龙山是晓望小学的天然背景。多年来,晓望小学注重建设高雅的环境文化。校园整体色彩以"绿"为主,景、路、园有机结合,路路有名,园园别致,春天樱花盛开,繁花似锦;夏日绿树成荫、枝繁叶茂;秋季金菊竞放、丹桂飘香;冬季冬青常绿、松柏常青。校园中精心建造了晓阳坛、感恩亭、读书长廊等景观,校园中还分布着"自立""奋进""感恩""乐学"等石刻,于潜移默化中影响学生。

以崂山区建设美丽校园工程为契机,在晓望小学原来四季常绿、三季有花的绿化基础上,投入 80 余万元栽植大树,进一步提升了校园的绿化水平。在山东省水科院、崂山区气象局的支持下建起了 8 个集雨樽、校园气象站,安装了 24 盏太阳能路灯,校园内设置了 30 个可回收垃圾箱。在教学楼设置了环保长廊,建起了生态墙、海洋教育长廊来普及环保知识,营造环保教育文化氛围。

二、按照创建国际生态学校"七步法",让全体师生参与到创建过程中来

创建国际生态学校有规定的"七步法"要求,即成立学校生态委员会、开展环境评审、制订行动计划、与课程建立联系、社会宣传和参与、进行监测与反馈、制定生态规章。

(一)成立学校生态委员会

晓望小学举行了创建国际生态化学校启动仪式。青岛市环保局宣教中心主任赫旭、崂山环保分局副局长朱耿明等领导出席了启动仪式。在活动中,校长宣读了创建"国际生态学校"实施方案,学生代表宣读了倡议书,全体师生郑重地在"传播绿色环保理念,构建和谐生态校园"的横幅上签下自己的名字,最后选举产生了生态学校委员会,生态委员会由37人组成。校长担任学校生态委员会主任,分管环境教育的工会主席为副主任具体负责创建工作实施。委员会成员还包括教师代表、家长代表、社区代表、环保机构代表以及学生代表等。学生代表和教师代表在会上做了重点发言。学校成立生态委员会的同时,各班成立了相应的生态委员会,参与面覆盖每一名学生。

(二) 开展环境评审,确定重点项目

根据晓望小学的现状,生态委员会的委员们讨论了学校现存的环境问题需改进的地方,确定了两个大的活动主题,即节约用水、用电和垃圾分类、垃圾减量。

生态委员会将任务层层分解,组织各班对学校的用水、用电、垃圾分类情况进行调查、分析,形成了明确的调查结论。如学校的所有用电设备中用电量由高到低的排序为锅炉运行设备、食堂餐饮设备、取暖设备、办公设备、照明设备、网络;用水量由高到低排序为室外花坛草坪、食堂、卫生间、室外厕所、盥洗室、饮水机、锅炉损耗;大部分学生没有养成垃圾分类的习惯。根据调查情况,生态委员会向学校提出了大量合理化建议。

(三) 制订行动计划并实施

1. 深入开展节约用水、节约用电、节约粮食活动

根据环境评审情况,学校对不利于节约的设施设备进行了整改。关掉了教学楼顶的校名广告牌,更换了节能水龙头,充分利用校园水井浇灌校园花草,在校园中增加了24盏太阳能路灯。争取崂山区水利局、山东省水科院的资助,在校园建起了8个集雨樽,在雨天收集楼顶的雨水,干旱时利用集雨樽中的水浇花草。

学校坚持不懈地开展中午午餐光盘行动。举行"世界粮食日"系列主题教育活动,通过国旗下讲话、手抄报比赛、"爱惜粮食格言警句"征集等活动,使全体学生牢固树立了节约光荣、浪费可耻的观念。

2. 开展"垃圾分类、垃圾减量"活动

开展"手拉手环保地球村"活动。在每个班级、校园设置可回收垃圾箱,

每个班级有环保小分队,每周将日常生活中产生的废纸、矿泉水瓶等收集在一起,由废品站回收,两年来垃圾回收资金 1 000 余元,用于资助贫困学生。虽然收集可回收垃圾获得的资金和利用集雨樽节省的水是有限的,但这些事的教育意义远大于经济价值,能够让学生从小牢固树立生态环保意识,为保护生态环境尽自己的一份力量。学校环保小队队员经常到附近的仰口风景区、二龙山风景区进行"环保美容"、拾捡白色垃圾等活动,用实际行动使周围的环境变得更美。另外,外出实践活动提倡"人过无痕""原样恢复"等,培养学生保护环境的良好习惯。

3. 开展丰富多彩的环保实践活动

召开了"走进低碳生活、拥抱绿色未来"环保特色教育启动仪式,举行了"珍惜地球资源,转变发展方式,倡导低碳生活"签字活动。举行了"环保教育团队特色活动展示暨'我爱阳光'环保趣味运动会",队员们利用废旧物品制作成体育器材,"小小坦克兵""滚圆筒""花手杯接物"等比赛使学生们在活跃身心的同时,还受到了良好的环境保护方面的教育。

在学生中开展了"我和小树同成长"护绿认养活动。根据校园现有小树及花儿数量,以学生认养形式进行挂牌管理,做好小树及花儿春季修剪、松土,夏季杂草清除、浇水等管理活动,用实际行动呵护校园绿色,与小树共同成长!春天举办了主题为"校园探春"的摄影大赛,60 多名小参赛者在校园内拍摄了具有校园特色,反映校园生态、绿化等方面的照片,最后评选出了一、二等奖。

组织近 500 名师生来到青岛世界园艺博览会会场,举行"倡导绿色生活方式,保护青山绿水蓝天"环保宣传活动。活动中少先队员们以学校获得国际生态学校绿旗荣誉为主题,表演了快板《说环保》、舞蹈《童心舞动》等精彩节目,向全体市民发出了生态环保倡议,全体师生在"倡导绿色生活方式,保护青山绿水蓝天"的横幅上郑重签上了自己的名字,少先队员还通过发放环保手提袋、生态环保倡议书等方式向与会的游客宣传生态环保理念,得到了游客的积极响应和高度评价。

(四) 行动监测和评估

行动实施后,我们将学校的能源消耗情况进行了记录,整理成数据统计图表,从中可以看出水电纸的减少情况,起到了节能的效果。如学校"崂山区晓望小学"广告牌 2013 年 2 月停用,停用期间每月节电:0.2 千瓦×8 盏×11

小时×30 天＝52.8 千瓦时（度），集雨樽每使用一次节水：0.96 立方米×8 个 ＝7.68 立方米。

为减少垃圾，生态委员会成立了督查小组，监督指导学生如何投放垃圾。活动开展以来，每周对垃圾收集一次，对可回收的垃圾集中送垃圾回收站。记录各个班级的回收量并进行评比。每月举行美丽教室评选。

（五）与课程建立联系

课程是实施生态环保教育的重要凭借。一是在基础课程中渗透、挖掘每门课程中的环境教育因素，把环境教育融入课堂教学。依托地方课程"蓝色家园""海洋教育"和校本课程"走进崂山""百花、百草、百果"等，在一年级至六年级全面开设了环境教育课和海洋教育课。组织学生开展研究性学习。"海博士兴趣小组"的学生对海参、鲍鱼、竹节虾、会场螃蟹等的生活习性、养殖方法、营养价值、销售渠道进行了探究。贝雕工艺小组的学生利用崂山当地的海贝、海螺等，每周活动一次，加工了一幅幅精美的贝雕、沙雕图画。

（六）社会宣传和参与

组织学生设计节约用水、节约用电警示标志，并张贴于卫生间、食堂等用水的地方和用电开关处，时刻给学生以警示。结合与环境相关的纪念日开展活动，如世界环境日、世界无烟日、世界水日，利用广播站、电子屏、黑板报、壁栏等进行宣传。自活动开展以来，共刊出生态环保专题电子报 10 期。

走向社会广泛宣传。与崂山区环保分局合作，在王哥庄集贸市场进行了世界环境日的主题宣传。在二龙山景区悬挂了节约用水、保护水源的宣传牌。学生还立足学校，辐射社区、家庭，对垃圾减量广泛宣传。

（七）建立生态规章

根据活动的开展，成立了晓望小学学校生态规章征集编辑小组，以班级为单位，组织学生撰写。学生通过活动开展，结合自己的感受和认识提交给本班的生态规章学校编辑小组进行修改，最终形成了如下所示的晓望小学生态规章：

中华文化，源远流长；天人合一，万物一体；生态文明，时代要求；保护资源，人人有责；

植树造林，爱绿护绿；保护动物，减少杀戮；绿色出行，节能减排；少用空

调,低碳环保;

垃圾减量,分类回收;一次用具,拒绝使用;一粥一饭,来之不易;节水节电,闪耀美德;

尊老爱幼,文明有礼;力所能及,帮助他人;爱护公物,秩序井然;与人为善,安定祥和;

生态教育,晓望品牌;生态标兵,人人争做;影响社会,引领风气;生态校园,美丽人生!

三、环境教育成绩斐然,教育效果显著

创建国际生态学校以来,"垃圾分类、垃圾减量"活动获得环保部宣教中心颁发的突出贡献奖,刘璐、刘佳慧在环境小记者项目新闻大赛中荣获三等奖。晓望小学学生的小课题研究《海洋环境污染与保护》《海洋灾害我知晓》连续两年获得了青岛市中小学生研究性学习一等奖。在山东省、青岛市组织的航海模型中比赛中,近二十人分别获得一、二等奖。在青岛市优秀校本课程评选中,晓望小学的校本课程"走进崂山"获得青岛市、山东省一等奖,"百花、百草、百果"获得市二等奖。六年级刘萱同学的文章《嫉妒的小丑鱼》发表于《海底世界》杂志。学校环保小记者站的林文婷等四位同学的文章在国家级刊物《环境教育》《七彩语文》上发表。《环境教育》《海洋教育》中有对晓望小学办学经验的介绍。

晓望小学创建活动达到了理想的教育效果,实现了普及环保知识、提高环保意识、参与环保行动、培养环保责任的教育目标。

第五节 实施海洋生态教育

作为崂山区首批蓝色海洋教育试点学校,晓望小学将蓝色海洋教育纳入学校整体发展规划,作为实施生态教育的重要工作,围绕培育"海韵育童年"特色品牌,加强领导与组织,创造性开展工作,推动海洋生态教育的深度实施。

一、加强海洋生态文化建设,丰富海洋教育内涵,营造浓厚的海洋教育氛围

(一)引领师生提炼、弘扬海洋精神,争创海韵育童年德育品牌

晓望小学在师生中开展海洋精神大讨论,确定学校重点弘扬的海洋精神,即博大精深、磅礴大气;勇立潮头、改革创新;只争朝夕、珍惜时间;胸怀宽广、开放包容。确定了培育"海韵育童年"品牌的目标,引导学生树立正确的海洋观,激发学生保护海洋、探索海洋、维护海洋权益的责任感和使命感,打造"正直、尽责、博大、卓越"的学校精神,促进学生全面健康和谐发展,形成真、善、美之健全人格。

(二)加强海洋教育文化建设和基础设施建设,为实施海洋教育提供保障,创设浓厚的海洋教育文化氛围

更新了海洋教育宣传栏,增加了 8 个独立的海洋知识宣传栏。

建设海洋教育长廊,呈现了海洋精神,设置了 12 个灯箱,重点介绍海洋资源、海洋科技知识。

建设海洋教育室——海权教育馆,设 3 套共 36 幅挂图,内容分别是海洋权益、海洋资源、海洋知识。计划在海洋教育室中增设视频展示设备,用于播放海洋专题片。还计划购置一批海洋生物标本,建立海洋生物标本馆。

在正直楼墙裙和尽责楼楼梯展示了 500 张海洋知识挂图,内容包括海洋生物、海洋地理、海洋运输等。

购置海洋教育类图书和音像资料,开展蓝色阅读活动。

二、开发利用海洋教育资源,建设海洋教育基地,拓宽海洋教育渠道

学校充分挖掘青岛海洋科研院所、高校力量雄厚的资源优势。国家海洋局第一研究所、青岛科技大学的专家和崂山区科技局领导莅临学校,共同探讨在学校设立实践基地、更好地为学生发展服务的相关事宜,并最终达成了合作协议。国家海洋局研究一所的赵炳来、徐兴勇等专家数次来到晓望小学指导工作。九三学社崂山区基层委和青岛科技大学基层委"生态与海洋'同心'科普实践基地"成立仪式在晓望小学举行,九三学社市委副主委林萍、崂山区政府副区长于鹏出席活动并讲话,共同为"生态与海洋'同心'科普实践基地"揭牌,崂山区政协副主席张永波、区科协主席赵敏、区教育局党委书记袁本常等领导应邀出席。

晓望小学与中国海洋大学团委举行共建活动,中国海洋大学每学期派优秀大学生到晓望小学开展海洋科普教育活动。与中国第一本少儿海洋知识期刊《海底世界》达成战略合作协议,将学校创建为《海底世界》杂志海洋教育合作基地。

充分利用青岛当地的海洋教育资源。全校师生参加"我为青岛自豪蓝色西部行"社会实践活动,参观了胶州湾跨海大桥和海底隧道。举行了以"知我海权,建我海洋强国"为主题的综合实践活动,学生们参观了青岛市海军博物馆和中国海洋大学的海权教育馆,在活动中增长了知识、激发了建设海洋强国的责任感。

三、加强海洋教育师资队伍建设,精心打造蓝色海洋教育师资团队

建立一支师德高尚、专业知识水平高、富有创造精神的教师队伍,是提高海洋教育水平的前提。晓望小学确立了以骨干教师为主体、聘请专家顾问指导的教师队伍建设策略。安排责任心强、富有创新精神的教师担任海洋教育学科教师,通过校本研修、专家讲座、课堂研讨等方式加强培训,通过"我的精彩课堂"引导教师转变观念,以培养现代海洋人为目标,将海洋教育理念落实到每一节课中。探索了"自主探究—合作学习—交流分享"的海洋教育课堂教学模式,充分发挥学生自主性、积极性和创造性。组织干部教师先后赴浙江舟山、辽宁锦州等地考察,到我国著名的海洋教育示范学校——北京市向东小学参观学习。

晓望小学聘请了国家海洋局第一研究所的赵炳来教授、徐兴永副处长作为海洋教育的顾问。邀请中国科学院老科学家科普演讲团的张继民教授为学生作了题为《神奇的南极北极》的报告;邀请赵炳来教授为学生作了题为《海洋知识》的讲座;邀请中国海洋大学科技协会的大学生到校,给学生作了题为《神奇的海底世界》的报告;在世界海洋日邀请中国自然科学博物馆水族馆协会秘书长王士莉为学生作了《大海里的小星星——海星》主题讲座,还采取现场标本参观的形式,激发了学生学习的兴趣。

四、构建海洋教育校本课程体系,不断提高课程实施质量

晓望小学依托青岛市地方课程——"蓝色家园——海洋教育",在一年级至六年级全面开设海洋教育课。还根据学校的实际,结合环保教育,自主开发了《蓝色家园,绿色未来》和《崂山海产》等系列校本教材(中高年级使用),使海洋权益和海洋环保等知识走进了课堂。

晓望小学广泛开展研究性学习,低、中、高年级的学生分别围绕海洋生物、海洋地理、海洋科技、海洋能源、海洋军事、海洋环保等方面进行探究,学生们不断增长知识、开阔眼界,进一步增强了对大海和家乡的热爱之情以及对海洋的保护意识。"海博士兴趣小组"的学生们对海参、鲍鱼、竹节虾、会场螃蟹等的生活习性、养殖方法、营养价值、销售渠道进行了探究。隋峰老师举行了青岛市综合实践研究课,学生们的研究成果获得了青岛市学生研究性学习三等奖。晓望小学学生的小课题研究《海洋灾害我知道》《海洋环境污染与保护》连续两年获得青岛市小学生研究性学习一等奖。

晓望小学成立涉海艺术社团,作为海洋教育活动型课程。贝雕社团、沙画社团的学生们在指导教师的带领下,亲自动手,收集海滩上的沙子、贝壳、鹅卵石等材料,创作了一幅幅美丽的沙画、石子画和贝雕画。晓望小学"海之韵舞蹈团"连续多年获得青岛市艺术节一等奖。海洋科技小组的成员积极参加航海模型比赛,晓望小学获得山东省航海模型竞赛优秀组织单位,多位同学获得山东省航海模型一、二等奖。

五、开展丰富多彩的海洋教育实践活动,在活动中培育学生的海洋情怀

为了拓宽学生观察海洋的视野,晓望小学组织学生走进青岛极地海洋世界、海底世界等社会实践基地,与海洋动物零距离接触。每年组织海洋教育月活动,以班级为单位进行《蓝色国土之歌》的欣赏和学唱,各班举行"海洋教育"主题班会和"拥抱蓝色海洋,珍爱生命摇篮"签字活动,还举行了以"关爱海洋"和"中国海权"为主题的手抄报比赛活动。周末,晓望小学还组织师生到仰口沙滩捡拾白色垃圾和清理浒苔。

学校每学年都会组织晓望小学海洋知识竞赛。竞赛前印发《海洋基础知识》,鼓励学生先自学,然后每个班级进行全员参与的初赛,每个班选拔出 10 名

学生参加学校的决赛,最后评选出学校的个人一、二、三等奖和优秀组织奖,给予表彰奖励。学生参与了活动的全过程,主动学习,积极参与,在活动中增长了知识。

学校还组织了四至六年级以《梦想海洋》为主题的童话创编比赛。学生们展开丰富的想象,以大海里的小动物为主角,创编了内容鲜活的童话故事,经过教师进一步指导,评选出学校的一、二、三等奖,在学校的《晨曦》校报中刊登。刘璇同学的童话故事《嫉妒的小丑鱼》发表在国家级刊物《海底世界》上。晓望小学的海洋教育经验也发表于《海底世界》。

海洋生态教育是一项全新的系统工程,我们将在实践中深入挖掘蓝色海洋教育理念内涵,精心提炼海洋教育思想和精神特质,以先进的理念引领海洋教育发展,以创新的思路推进海洋教育实施,探索生态教育理念下的蓝色海洋教育实践,使学校海洋教育工作再上新的台阶!

第六节　在劳动教育中扬长增能
——姜哥庄小学劳动教育实施方案

为全面贯彻党的教育方针,落实教育部关于印发《大中小学劳动教育指导纲要(试行)》的通知,进一步实施素质教育,培育和践行社会主义核心价值观,提高学生总体素质,促进学生健全人格发展,姜哥庄小学立足于学校教育与家庭教育、社会教育相结合,从培养良好行为习惯入手,让学生树立劳动意识,努力将学生培养成为热爱劳动、勤于劳动、善于劳动的高素质劳动者。

一、明确劳动教育的主要目标

学校、家庭、社区联动,突出抓好校园日常劳动训练、生活实践劳动教育、志愿服务劳动公益行动,使学生树立正确的劳动观念,初步学会劳动基础知识和基本技能,养成良好的劳动习惯,培养学生勤奋学习、自觉劳动、勇于创造的精神,为他们的终身发展和幸福人生奠定基础。

二、坚持劳动教育的基本原则

（一）实践性原则

实践性是劳动教育的基本特点。学生亲身参加劳动操作实践是劳动教育的主要形式和基本方法。实践是劳动教育必不可少的环节。创新素质只有在解决实际问题的过程中才能得到发展。姜哥庄小学结合实际，创设足够的时间和空间，千方百计为学生创设劳动操作的条件，让学生在实践中掌握劳动的知识和技能。切实做好指导和管理工作，提高劳动教育的教学效果。

（二）基础性原则

劳动教育是基础教育阶段最基础的教育，通过劳动教育使学生具备基本的劳动技术能力，以适应未来的职业生活、家庭生活和社会生活。在劳动教育中，通过某些劳动技术的学习，学生能掌握相关的劳动知识，提高运用工具进行加工的动手操作能力和思维能力，为他们将来的发展、成长打下坚实的基础。

（三）开放性原则

劳动教育应不拘泥于校内，做到校内校外相结合，逐步构建学校、家庭、社会相互协调、互为补充的劳技教育体系，能够为劳动技术有特殊兴趣和爱好的学生，提供一个充分发挥自己天赋、才能和创造力的新思路。

三、学段要求

【小学一至三年级】

居家防疫：熟悉家务防疫内容，增强防疫意识。掌握口罩处理、消毒通风等劳动技能。每日自测体温，健康出行。

卫生清理：熟练使用卫生工具，有效完成卫生清理劳动。学会扫地、拖地、灰尘清理、碗筷洗刷、马桶冲刷等。

内务整理：掌握个人内务的整理技能，提升生活自理能力。学习折衣服、叠被子、系鞋带等。

物品归整：学会物品分类摆放、学习归纳物品，增强自理能力。能够熟练整理收拾书桌，做到书本、文具分类摆放。

加工食品：学会食品初期的简单处理，掌握择菜、洗菜、洗水果和 $1\sim2$ 样简单食品加工技能。

手工制作:尝试使用手工工具熟悉1项手工技能。可学习缝制沙包、香包、编织,自制手工书皮等。

衣物洗涤:学会洗涤自己的简单衣物,掌握简单洗涤技巧,清洗袜子、内衣等小物品。

垃圾分类:掌握垃圾类别,知道分类处理,自制分类垃圾桶,主动将家中垃圾进行分类。

种植养护:掌握花草日常养护知识,能够有规律地浇水、施肥。

照顾家人:学会照顾家人、照看老人及幼儿,掌握简单照顾技巧。

【小学四至六年级】

居家防疫:掌握防疫知识,增强防疫意识。学会口罩处理、消毒通风等防疫技能监督家庭成员居家防疫,每日自测体温健康出行。

卫生清理:熟练使用卫生工具,掌握不同区域清理的方法和清理顺序,做到饭后收拾并擦干净桌子、清理地面。

内务整理:提高个人内务整理能力,有条理地整理自己的衣橱衣物,保持自己的衣橱衣物整齐。

物品归整:掌握物品分类摆放、物品归纳技能,能够自己独立整理书橱、衣橱,并学会分类摆放。

加工食品:学会安全使用烹饪工具,学会简单烹饪,掌握2～3样简单食品加工技能。

手工制作:能够使用手工工具掌握1项手工技能。尝试制作鸡毛毽、编织、贴绣、剪刻手工装饰等。

衣物洗涤:掌握衣物洗涤分类,能够洗涤自己和家人的简单衣物,学会使用洗衣机。

垃圾分类:掌握垃圾分类的意义,带动身边的人按照垃圾分类的原则进行垃圾分类处理。

种植养护:根据花草的具体需求,对花草进行修剪、浇水、换土和施肥。

照顾家人:学会照顾家人,掌握一定照顾技巧。帮助穿衣换衣、简单喂食、哄睡等。

四、实施步骤和策略

(一) 课程引导, 强化劳动意识教育

将劳动教育与学科课程有效结合, 让学生深入理解什么叫"劳动", 怎样做才算是热爱劳动。

开设劳动教育必修课。将劳动教育融入综合实践课程, 体现学生的认识劳动技能, 让学生参与动手制作的过程, 注重学生动手能力的培养。

加强现代教育技术手段的使用, 指导学生开展技术探究活动, 努力培养学生的创新精神和操作能力。以计算机课堂为主阵地, 使计算机课程成为学生喜爱的课程。

开展"争当小实验家"科学小组活动, 让学生利用科学课记录自己制作的实验过程及成果。

(二) 活动引领, 激发主动劳动热情

对于小学生来说, 参与活动是最好的引领。以身立教, 以德育德, 以行导行, 激发他们主动劳动的热情。

在校园文化建设中强化劳动文化, 将劳动的养成教育融入校园文化建设之中。通过制定班级值日制度、班级值日安排、班级精细化管理正常开展校内劳动。组织学生做好每日的卫生包干区保洁工作和每周一次的全校大扫除。

实施"劳动教育+", 大力开展与劳动有关的社团活动。组织贝雕、沙雕、剪纸、创意制作等学生社团, 开展班务整理、书包整理、队角装饰等实践活动。

结合植树节、学雷锋纪念日、五一劳动节、农民丰收节、志愿者日, 开展丰富的劳动主题教育活动。

设立5月劳动成长月, 采用劳动手册记录每日的劳动情况, 并在月末进行劳动成果展示, 提高学生的劳动意识。

(三) 内外联动, 创设劳动实践环境

积极组织校外劳动。将校外劳动教育纳入学校的教育工作计划, 充分利用劳动教育实践基地、综合实践基地等资源, 开展社会实践活动, 组织学生参与劳动实践。安排一定时间进行户外劳动实践。

大力鼓励家务劳动。大力倡导学生在家做力所能及的家务活, 弘扬优良家风, 参与孝亲、敬老、爱幼等方面的劳动。

附：

姜哥庄小学学生校内外劳动评价表

班级：　　　　姓名：

项目	劳动时间	劳动内容	劳动成果	教师签字
校内值日				
校外学农				
社区服务				
手工制作				
其他劳动				

姜哥庄小学学生家务劳动评价表

班级：　　　　姓名：

时间	劳动内容	劳动时长	劳动成果	家长签字
5.1				
5.2				
5.3				
……				
5.30				
劳动感悟或照片				

第三章
课程与教学生态

第一节　扬长教育课程

　　全部教育可以归结为三个问题：什么是教育、用什么去教育以及如何教育，而课程解决的就是用什么教育的问题。关于课程的定义有很多种，简言之，课程是学校教学的科目和进程，是学校培养学生、开展教育教学活动的主要凭借。狭义的课程指国家课程计划中规定的、出现在学校课程表中的课程，包括国家课程、地方课程、学校课程。广义的课程不仅指课程表中设置的科目，学校开展的一切教育活动、学校一切环境文化等都被视为课程。

　　课程是育人的主要凭借，是学校服务学生成长的最重要的产品，是学校给孩子的独特礼物。学校要为学生提供适合的教育，就要有丰富多彩的课程，以课程表达对学生全面健康发展的关注，以课程的多样化为学生的个性化成长提供更多的选择性。

一、扬长课程的提出

　　有一个非常形象的故事，对于过去一段时间以来的课程设置很有启发意义。

　　动物们决定办一所学校，以应付社会变迁的需要。学校主要课程包括跑、跳、爬、游泳、飞行。为了方便管理，所有动物要参加每一项课程。鸭子的游泳表现最突出，飞行只能勉强及格，最吃力的是跑，它不得不每天放学后加练习。期末，鸭子的游泳只得了中等，跑还是不及格。兔子刚开始时跑得最快，但游泳课的作业太多，它的精神快崩溃了。小松鼠本来在爬行课程上表现优异，直到有次上飞行课时，老师要求它从地面起飞取代从树梢滑落，让它心理上产生了极大的挫败感。老鹰是一个"问题儿童"，以爬行课程为例，它坚持用自己的方式飞到树顶，因此被严厉地惩罚。一学年结束后，一只在游泳、跑步、爬行、飞行各方面表现都差不多的奇特鳗鱼，平均分数最高，成为毕业代表。土拨鼠拒绝入学，因为学校未将挖、掘列入课程，它们将自己的幼崽送到獾那里学习，后来其他土拨鼠及地鼠纷纷加入，成立了一个成功的私立学校。

爱因斯坦说："每个人都是天才，但是如果你以爬树的本领来判断一条鱼的能力，那它终其一生都会以为自己是个笨蛋。"按照多元智能理论，人的智能分为语言智能、逻辑智能、空间智能、人际交往智能、运动智能、音乐智能、内省智能等。让不同智能类型、不同兴趣爱好、不同性格气质的学生学习同样的课程内容，结果就像故事中的各种小动物一样，既泯灭了天性，又影响了发展的高度。

更严重的是，课程评价的标准统一而单一，答案是标准的，是唯一的，应试成绩是课程评价的唯一标准。僵化的评价指标、评价方式导致教学的主要目的就是提高考试科目的成绩，而非考试课程名存实亡，课程的实施质量大打折扣。这样不利于学生素质的全面提高，尤其影响了学生发散式思维、创新思维能力的提高，学生的动手实践能力、解决问题的能力得不到提高。

扬长课程努力创设能够满足学生多元发展需求的课程内容，以课程表达对学生全面发展的关注，为发展学生的兴趣提供更多的选择性，为学生搭建更好地学习、成长的平台，同时用多把尺子多次评价学生，培养学生的自信心。

二、构建具有学校特色的扬长课程体系

经过多年的实践，晓望小学构建了"三类型五板块"扬长课程体系。"三类型"指基础型、拓展型、活动型三类课程。五板块包括体育与健康、品德与社会、语言与人文、数学与科技、艺术与美育。（见图3-1）

基础型课程即国家课程，为学生提供的就像是人体必需的蛋白质、维生素等基本营养。以"开齐开足、减负增效、夯实基础、提高质量"为重点，以提

高课堂教学效率为关键,认真抓好集体备课、作业批改、单元检测、质量分析等环节。

拓展型课程即地方课程,是按照"身土不二"的观点为学生提供的地方口味,有环保教育、海洋教育、科技教育、心理健康教育、安全教育、经典诵读、螳螂拳武术操等课程。如晓望小学依托地处螳螂拳的发源地——华严寺景区这一得天独厚的条件,与螳螂拳第八代传人王兴来先生合作,精心编排了一套螳螂拳武术操,面向全体学生进行普及推广,举行了全校螳螂拳武术操大赛,获得青岛市阳光体育案例评选二等奖,晓望小学被确定为崂山区非物质文化遗产传承基地,原创舞蹈《螳螂小子街舞妞》参加了山东省舞蹈选拔赛。

活动型课程主要是学生的社团活动,是自助餐形式的个人口味。学校怎样给学生提供适合的教育?靠什么吸引学生?我们认为,就要靠丰富多彩的课程。晓望小学每周三下午设置"七彩学堂",剪纸、乒乓球、电声乐队、口风琴团、舞蹈团、合唱团、毛线画、贝雕、书法、美术、茶艺表演、经典阅读等近

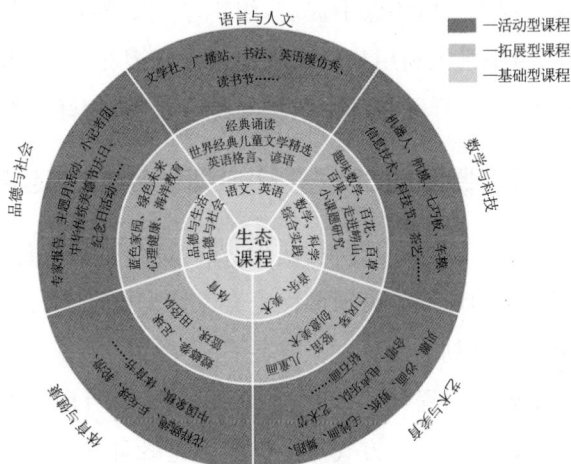

图 3-1　生态课程体系

三十项课程同时开课。电声乐队、剪纸、乒乓球、轮滑、螳螂拳课程全部聘用校外专业教师进校指导。活动成果每年在庆祝六一儿童节大会暨艺术节开幕式上进行全面展示。

基础型、拓展型、活动型课程是融合在一起的一个整体。晓望小学加强了课程整合的研究,通过整合课时、整合内容、学科融合的方式,提高课程实施的实效性。如体育与健康板块,螳螂拳武术操、花样跳绳是拓展型课程内容,但在作为基础课程的体育课中都安排时间教学。再如整合了品德与生活课程和校本课程的"走进崂山"的内容,还整合了综合实践课程与海洋教育校本课程的内容。

以环保课程为例,除了依托《蓝色家园》、海洋教育地方课程,晓望小学还开设了生态环保创意美术课程、环保实践课程等。学生在教师、家长的指导下,利用贝壳、牛奶盒包装袋、废旧报纸、瓶盖、线头等废旧物品,制作了贝雕海底世界、万里长城、海豚表演、中国龙、梅花等美术作品,将环保课程与美术融为一体。举行了"迎世园,展风采"生态环保运动会,各中队精心设计了用废桌布、旧报纸、旧挂历制作的环保服装,组成了一个个异彩纷呈的环保小方队,队员们巧妙地把各种废旧物品制作成体育比赛器材,"小小坦克兵""滚圆筒""花手杯接物"等比赛紧张而激烈。到青岛2014年世界园艺博览会会场,举行"倡导绿色生活方式,保护青山绿水蓝天"环保宣传活动,向市民发放《生态环保倡议书》和环保手提袋,组织学生到仰口沙滩、二龙山景区进行环保美容活动,组织学生利用集雨樽收集雨水浇灌花草,开展"我与小树共成长"认绿护绿活动等,这样又将环保课程与综合实践、海洋教育等课程融合在一起。

三、坚持多把尺子评价,让每一名学生扬起希望的风帆

英国课程专家凯利认为,课程评价是评估任何一种特定的教育活动的价值和效果的过程。美国课程论专家比彻姆认为,课程评价包含判断课程系统的效果和所规划的课程的效果这些必要的过程。泰勒认为课程评价过程实质上是一个确定课程与教学计划实际达到教育目标的程度的过程。

课程评价的方式是多样的。它既可以是定量的方法也可以是定性的方法,教育测试或测量只是其中的一种方法,并不代表课程评价的全部。教育测试也可以实行单项评价与综合评价相结合、过程诊断性评价与学期终结性评价相结合的方式。以语文学科为例,《语文课程标准》指出:"语文课程评价的目的不仅是为了考查学生达到学习目标的程度,更是为了检验和改进学生的语文学习和教师的教学,改善课程设计,完善教学过程,从而有效地促进学生的发展。"对学生学习成绩的评价,要立足于激励与促进学生语文素养的发展和提高,应该建立知识、能力与情感、态度并重的立体的评价体系,对学生的语文学习分项进行全面的动态考察,从写字、朗读、阅读、习作、古诗文诵读等方面进行单项评价。在评价过程中,更关注个体的进步和多方面的发展潜能,重视评价的激励与改进功能,体现评价内容、主体和方法的多元化。

晓望小学积极探索引导学生全面和谐发展的评价方式。坚持多把尺子评

价,每年六一儿童节评选校园健康之星、智慧之星、文明之星、创造之星、才艺之星等。每当学生取得优异成绩和在各级、各类比赛中获奖,学校都会利用全校学生集会时间进行表彰,让更多的学生获得进步的喜悦和成功的体验,让每一名学生都扬起希望的风帆。学校还会组织校园吉尼斯大赛,开发学生潜能,举行学生背诵古诗、五分钟口算、电脑打字比赛、跳绳、踢毽子等项目的评选。每一次比赛先由学校分管领导提前制定比赛规则,至少给学生一个月的准备时间,在班级内面向每一位学生进行选拔,致力于让每一位学生经历活动的过程并得到锻炼和提高。学生还可以自由申报校园吉尼斯项目,只要是自己擅长的都可以展示,通过"扬长"树立学生的自信心达到"避短"的目的。

总之,扬长课程为学生生命自由成长发展提供了肥沃的土壤,为不同智能类型、不同志趣的学生提供更多的发展选择和发展机会,是实现"让生命焕发活力、让生活充满阳光"教育目标的主要凭借。

第二节 树立大课程理念,立体化开发课程资源

对于有课程意识的教师来说,校园时时有课程,生活处处是课程。晓望小学围绕促进学生全面、健康、可持续发展的生态教育育人目标,立体化开发课程资源,为学生的发展提供更多的选择性,搭建更丰富的成长平台,提升了学生的校园生活品质。

一、隐性课程——校园环境文化

学校是育人的场所,因此校园的建筑、景观、绿化都应该是精心设计的。学校的每一处场所、每一个景观都是课程。晓望小学努力让校园的每一面墙壁都能"说话",每一棵花木都含情,每一处景观都蕴含着深刻的寓意。两座教学楼分别突出了行为习惯养成、中华传统美德主题,学生公寓突出温馨舒适的"家文化",餐厅突出勤俭节约、科学饮食主题,校园内布置有海洋文化长廊、书香长廊、安全文化长廊、环保教育长廊和国学墙、生态墙等,杏坛追梦主题石雕、

感恩亭、教学楼墙壁浮雕等景观使整个校园充溢着浓厚的文化气息,达到了"文化如水,育人无声"的育人效果。

二、乡土课程

每一所学校都会有自己独特的、具有教育意义的地方文化和教育资源,只要因地制宜,积极开发利用,学生的成长环境就会成为学习的场所和资源。晓望小学位于崂山北麓,依山傍海,风景秀丽,周边更有崂山茶、会场大梭蟹、海参、鲍鱼、王哥庄大馒头、崂山矿泉水、海水豆腐、海底绿石等丰富物产。我校开发了以走进崂山为主题的《崂山故事》《崂山海产》《崂山特产》和《崂山风景》校本教材,以大自然为背景的《百花》《百草》《百树》和《百果》校本教材,在校内建起了茶艺室,开展了崂山茶文化研究性学习,致力于培养学生了解家乡、热爱家乡、建设家乡的情感。

三、专家讲座课程

朱永新教授的新教育实验的六大行动之一是"聆听窗外声音"。我想,其意义是扩宽学生求知渠道,从不同侧面为学生打开获取知识、开启智慧的窗户。近两年来,晓望小学先后邀请青岛市国学学会的常务副会长张文教授、智树春老师为学生作题为"惜时、勤学、成才"的报告;邀请青岛科技大学的陈祖骥教授为学生作生活中的科技小发明报告;邀请敬爱的周恩来总理的侄子周保章先生为学生作了"为中华之崛起而读书"的报告;邀请了中国海洋大学师生进行海洋知识讲座;邀请法制副校长进行法制教育讲座;邀请青岛第八人民医院专家进行预防近视眼和急救知识讲座;邀请征途教育讲师团作传统文化报告;邀请中国水族馆协会秘书长王士莉为学生进行了海洋生物主题讲座;邀请中国科学院老科学家张继民教授为学生作了题为"神奇的南极北极"的报告;邀请国家海洋局第一研究所的赵炳来教授给学生进行海洋知识讲座等。

四、实践课程

社会、大自然都是学校。晓望小学组织学生参加社会实践活动和研究性学习,先后组织学生走进崂山茶博物馆、青岛极地海洋世界、海军军事博物馆、青岛市防震减灾科普基地、青岛中山公园和动物园、中国海洋大学海权教育馆、水族馆、青岛博物馆等场馆进行学习,组织了清明节远足、参观跨海大桥和动物园等活动,带领学生走进二月二农场、鹤山果园进行劳动实践。外出实践活动重点落实"人过无痕"和"原样恢复",每次活动学生都会自带垃圾袋,不仅会把自己产生的垃圾及时收集带走,还会把他人扔的垃圾捡起来,一切设施设备在用完后都会恢复原来的样子。

五、经典诵读课程

朱永新教授说:"一个人的精神发育史,就是一个人的阅读史。""学生因阅读而成长,读书的孩子最美丽"是晓望小学教师的共识。晓望小学开发了《学生读书成长手册》,记录学生读书成长历程;开发了校本课程"世界经典儿童文学作品精选",向学生推荐《小王子》《绿野仙踪》《窗边的小豆豆》《爱的教育》《小熊温妮》等世界经典儿童文学作品。这些经典图书成为培养学生阅读兴趣和习惯、提高阅读质量的重要凭借。学校开发了校本教材《经典诵读》,分年级段组织学生背诵《三字经》《笠翁对韵》《弟子规》《论语》等,让学生从小"与经典同行,和圣贤为友"。学生在背诵的过程中不仅完成了语言的积累,更重要的是从中汲取了中华民族传统美德的精华。

六、活动课程

晓望小学的每一次德育活动、比赛活动都是很好的课程载体,每年的艺术节、体育节、读书节、科技节、海洋节同样都是课程主题。晓望小学以主题教育月的方式深入开展德育活动,一至十二月的主题分别确定为习惯养成月、学雷锋月、海洋教育月、体育节、艺术节、劳动实践月、尊师活动月、爱国主义教育月、读书节、科技节等,每个主题教育月都有布置、有活动、有总结。晓望小学组织的校园冠军大赛、小主持人大赛、"心手相连,爱心无限"的爱心义卖活动、古诗文诵读大赛、中华传统美德故事比赛、海洋故事创编大赛等,都有明确的目标、具体的方案,每一次都让学生经历搜集资料、精心准备、展示评比、拓展学习的过程。

七、家长课程

随着现代学校制度建设和家委会工作的推进,每学期优秀家长进校授课成为一道靓丽的风景线。虽然晓望小学远离中心城区,但是家长课程依然精彩纷呈。学生家长们根据自己的业务特长,认真备课,精心制作 PPT,授课内容包括摄影、美国文化介绍、茶艺表演、卫生保健、奶茶泡制、生命教育等内容,使学生们学到了课本上没有的知识,开阔了眼界。

八、毕业课程与假期课程

晓望小学每学年都组织隆重的毕业典礼,毕业献词、领导教师致辞、校服接力、赠送礼物、颁发毕业证书、汇报演出等内容,让参与的每一名学生、每一位家长感动,"今天我以母校为荣,明天母校将以我为荣"的口号激励着从晓望小学毕业的每一个学生。每个寒暑假前学校都要制定假期生活指导意见,从安全、生活习惯、读书练字、背诵古诗、实践活动等方面进行具体指导,由家长和教师共同抓好评价落实。

另外,教师是最直接、最重要的课程资源。教师的旁征博引、教师的思想观点、教师的人品智慧,每天影响着学生。有课程智慧的教师,善于抓住教育教学过程中生成的资源,善于捕捉生活中稍纵即逝的教育契机,在传道授业的同时启发思考,启迪智慧,引领人生。这就决定了教师自身的专业成长的重要性,从一定程度上说,教师能走多远,学生就能够走多远。

第三节 课后服务课程打造全面育人新天地

课后服务是新时期校园生态的重要组成部分,是"双减"背景下破解"三点半"难题的重要举措。为提高课后服务质量,满足学生多元需求,姜哥庄小学努力创新课后服务的内容和形式,为学生提供优质服务,为家长解除后顾之忧。

课后服务时间"1+1"。将课后服务时间分为 2 课时,1 课时为基础性课后服务,教师看护学生写作业,进行个别辅导;1 课时为拓展性课后服务,开设特色校本课程、班本课程,学生根据自己的兴趣特长参加不同的社团。

　　课后服务课程为"校本＋班本"。基于学生发展需求和发展学生核心素养需要,学校构建了人文、科创、艺体三大课程群。人文课程包括礼仪课程、阅读课程、古诗文诵读课程、习作课程、乡情海韵、非物质文化课程等;科创课程包括无人机、机器人、航模、智力七巧板、编程课程等;艺体课程包括管乐团、舞蹈团、合唱团、剪纸、贝雕、书法、沙画等课程,开设了低、中、高年级篮球、足球、乒乓球、花样跳绳、蹦床、武术等体育社团。

　　为了让课程更好地满足学生个性化成长需要,姜哥庄小学实行校本课程班本化,把学校社团之外的校本课程开设权力下放到班级,由班主任协同任课教师,基于本班学生发展需求,整合各种教育资源开设班本课程,以课程的多样化为学生的个性化发展提供更多的选择。班本课程需要学校课程中心审核批准后实施,负责人要进行课程开设论证,有课程开设目的、课程内容安排、课程成果评价等。班本课程因班制宜,充分发挥班主任和任课教师的聪明才智,既有学科拓展类课程,如低年级的绘本阅读、中年级的成语故事、高年级的英语经典诵读课程;又有艺体类课程,如陶笛、花样跳绳、贝壳粘贴画等特色课程。

　　姜哥庄小学还统一要求各班开设课外阅读课程和场馆学习课程。每个班级确定每学期的课外阅读必读书目、选读书目,至少共读三本书,教师通过课外阅读导读课、推进课、展示课,引导学生深度阅读,提高课外阅读的质量。六年小学生活结束时,学生仅班级共读的书目就超过三十六本。各班自行确定场馆学习课程时间,到学校附近的青岛博物馆、国家海洋局第一研究所的大洋样品馆、地震科普馆参观学习,每次学习提前确定主题,与场馆工作人员取得联系,有专题讲解与现场体验,形成学习体验报告。各个班级还利用课后服务时间开展项目式主题学习,先后完成了"拍摄校园全景图""我是小小理财师""做家乡崂山的小导游"、毛泽东诗词中的党史故事等项目式学习任务,通过查阅资料、现场参观调研、撰写学习报告等形式,在学习中增长了才干,实践能力和创新精神得到培养。

　　常态化疫情防控期间,姜哥庄小学以班级为单位组织教育教学活动,我们的班本课程避免了学生过多的跨班交叉接触,确保了疫情期间学生校园生活的丰富。

　　姜哥庄小学每月举行课后服务特色课程成果展示和校园吉尼斯比赛。学生根据课后服务参与的特色课程,积极参与展示和比赛。比赛既有学校的传统项目,包括一分钟跳绳、古诗文背诵、仰卧起坐、足球颠球、识字量、英语词汇量等,也有学生自主申报的才艺展示、科技创新等项目。这些展示和比赛活动充分挖掘了学生的潜力,让更多的学生在活动中找到了自信和快乐,提升了学生的校园生活品质,践行了姜哥庄小学"扬长激潜,让每个儿童得到最优发展"的办学理念。

第四节　立足地域文化,开发乡土课程
——以面塑课程为例

教育工作者应该有教育的眼光、课程的眼光,善于发现,善于开发。有没有课程意识是优质学校和一般学校的分水岭,也是优秀教师和一般教师的分水岭。

晓望小学开展传承面塑艺术项目,主要基于当地地域文化和周边教育资源。晓望小学地处青岛市崂山区王哥庄,当地为传承胶东面塑文化而制作的王哥庄大馒头已经成为享誉四方的品牌,不仅口感好,而且花样众多,形成了造型独特、色彩丰富的祝寿系列、庆生系列、节日系列花样馒头,有很强的艺术表现力。当地还有正月十五照面灯的习俗,每个村中都有面灯制作民间艺人,他们以黄豆面为主要材料,搭配各种色彩,制作十二生肖、各种动植物等栩栩如生的形象,放上灯芯,倒入花生油,正月十五晚上点上面灯放在家中不同的位置,祈福新的一年五谷丰登、风调雨顺、出入平安等,表达对幸福生活的期盼。学校周边还有即墨田横祭海特色面塑、卡花面塑等传统技艺。

为了传承民族文化,培养学生欣赏美、表现美、创造美的能力,晓望小学立足地域文化,开发了校本课程"走近非物质文化——崂山面塑",建成了校园面塑手工实践坊,每周开设面塑课,由两位美术教师担任指导教师。另外,为使学生能够传承原汁原味的地方文化和技艺,学校还聘请了王哥庄大馒头协会的民间艺人、面灯制作民间艺人、田横祭海面塑民间艺人到校,传授面塑和面灯的制作工艺。目前,在全校一到六年级每个班每周都开设一节面塑课,旨在让全校每一名学生都能成为面塑的传承人。指导教师从美术专业的视角结合当地面塑手艺,指导学生制作了一件件精美的面塑艺术作品,普普通通的面团,在学生们灵巧的手中几经揉、搓、捏、塑,再配合以点、切、刻、划等工序,形成了各种栩栩如生的面塑艺术形象。通过面塑手工课,学生们既了解、传承了家乡优秀的非物质文化,又提高了欣赏美、表现美、创造美的能力,动手实践能力和创新精神得到了培养。

学生们在参与制作面塑的过程中,看到的是丰富且极具趣味的面塑作品,传承的是非物质文化遗产,受到的是悠久且极具教育意义的民俗文化熏陶。在边做边玩中,我们逐渐看到非遗课程所蕴藏的文化价值、教育价值。它带给学生的不仅是童年快乐的体验,更是动手能力的提高、文化内涵浸润和精神世界的成长。

晓望小学荣获崂山区非物质文化遗产传承基地等荣誉称号,在2016年全国第五届中小学生面塑艺术展演中,晓望小学的面塑手工实践坊代表青岛市进行展示,获得全国参展领导师生的一致赞誉。2017年学校面塑手工实践坊参加了"接棒"——全国非物质文化遗产进校园校本课程暨美术教育"高参小"成果展,晓望小学传承工作的方法和学生作品受到与会领导、专家高度评价。晓望小学被教育部体卫艺司评选为中华优秀文化艺术传承学校。

附:

学科整合策略在小学数学教学中的有效运用

青岛市崂山区姜哥庄小学　朱兆兆

综合教学和实践教学是小学数学教学中必不可少的环节,这两个教学环节从一定程度上决定了教学的质量。学科整合策略是指将多种学科融入一门课程当中去,使得学生的综合能力在综合课程的学习中得到强化。

一、学科整合策略在小学数学综合与实践教学中应用的意义

综合教学在小学数学中主要以单元教学这样的形式体现出来,结合小组合作学习能够发挥出较好的教学效果,能够培养学生们的理论知识基础。而实践教学则是在综合教学的基础之上予以实施,通过日常生活、可视实物教学等途径,能够让学生们将数学知识应用在课堂之外。将学科整合策略应用在这两方

面的教学中,对于教学来说具有重要的意义。

（一）有利于提升学生的学习效率

在对小学数学这门学科进行整合之前,数学分为很多个门类,而小学数学教学的内容主要包含几何以及代数方面的内容。几何和代数这两个内容存在很大的差异,教学起来会给教师带来压力,同时学生们在学习这两个内容时,由于内容的杂糅、繁多也会影响学生们的学习效率。而将小学数学这门学科进行整合之后,教师们的教学会变得简单,几何与代数内容的有机结合不仅能够减少教学的内容,同时也赋予了二者一定的联系性。代数内容往往会有一定的几何意义,学科整合的教学策略,能让学生们在理解代数知识的同时对于几何内容有一定的了解。例如圆的周长为 $2\pi r$,这就是一个用代数表示几何意义的典型案例。此外,学科整合实现了小学数学内容的精细化,学生们学习起来会变得简单,在学习上所耗费的时间与精力也会大大减少,提升了学生们的学习效率。

（二）有利于培养学生的数学综合能力和合作学习能力

数学综合能力在小学阶段体现为数学观察能力、数学记忆能力以及运算求解能力这三方面。几何与代数方面的内容与这三方面之间均有相互联系。在小学数学中常会有找规律的题目,例如 $1,2,4,8\cdots\cdots$ 这样的题目就会让学生找规律填补空缺。但是两个内容给学生带来的综合能力培养是有限和有局限性的,代数给学生带来的能力培养是几何不能替代的。而将两门学科整合起来之后,学生能够同时享受到两项内容所带来的能力培养,这对于学生来说是百利而无一害的。此外,综合教学和实践教学也强调学生合作学习的能力,虽然整合两方面内容能够给学生带来较大的帮助,但是学生学习的难度也会随之提升,此时合作学习就能展现出其独有的优势,学生借助于合作学习来讨论不懂的内容以及自己感到困惑的内容,在讨论和合作之中增强了同学们的感情,并且也提升了学生对于知识掌握的程度。

二、学科整合策略在小学数学综合与实践教学中实行的策略

数形结合一直是小学数学教学中常用的一种教学方式。数形结合能够将一些看似抽象复杂的内容转化为形象直观的内容,让学生们更好地理解一些知识。在学科整合策略的实行中应用数形结合能够在综合教学和实践教学中让教学变得直观化、生活化、体验化,让学生们在学习过程中逐步积累起经验和各种能力。

（一）让教学变得生活化

很多学生在学习数学知识的时候，常常会有一个疑问，就是当前学习的知识有什么意义呢？学生们不理解学习的意义时，就会对于学习产生一定的抵触。学科整合不仅能够将教学内容精细化和具体化，同时还能为教学内容增添一定的生活气息。在综合教学之中，以几何教学内容为例子，在教学圆、圆锥这些几何物体时，可以利用一些生活中常见的几何实体教具来教学，让学生们意识到这些几何物体不仅存在于书本之上，也能出现在日常生活之中。从实践教学的方面来说，生活中会利用到数学计算的机会是很多的，例如购买商品、换零钱这些，教师们应该引导学生们利用好这些生活中的机会，进行相关的数学运算，让数学知识在日常生活之中得以应用。让教学变得生活化不仅让学生们解决了生活中的一些问题，同时也让学生的数学知识得以巩固和应用，增强了学生们对于数学的认识。

（二）让教学变得形象化

空间想象能力是数学教学中一种重要的能力，很多不具备空间想象能力的学生就难以解决一些抽象的几何问题。小学数学中常有一类三角形重合的问题，让学生数出图中有多少个三角形。很多学生都会因为想象能力的不足而不能回答上这类问题。对此，教师在教学的过程中应当以形象思维去引导学生，面对一些抽象的事物和问题，要用形象的思维去化解问题，针对三角形重合这类问题可以利用火柴棍这类物体去摆放，使得学生具备将抽象事物转化为形象事物的基本思维。

总之，学科整合对于小学数学这门综合性比较强的学科来说具有重要的意义，通过对几何和代数这两大方面进行整合，使教学变得形象化和生活化，以此制定出与学生实际情况相符的个性化课程，这样才能让学生能力在整合课程的学习中得到有效的提升与发展。

第五节 "生态高效"课堂

自班级授课制产生以来,课堂教学就是学校教育永恒的话题。如果说课程解决的是用什么教的问题,那么课堂解决的则是如何教的问题。课堂教学是全面实施素质教育、提高学生素养的主渠道,也是姜哥庄小学实施扬长教育关注的重点。为发展学生核心素养,实现"扬长激潜,最优发展"的目标,我们重点探索了"生态高效"课堂。

一、从三个维度反思课堂教学,追求智慧课堂、高效课堂、生态课堂

(一) 从"为学生终身发展负责"的育人角度反思

美国前教育部长说:"现在要使学生做好准备:毕业后投入目前根本不存在的工作,使用现在还没有发明出来的技术,已解决我们从未想到过的问题。"课堂教学的目的不仅是让学生掌握知识,更重要的是培养学生的核心素养,通过发展兴趣、培养能力、提高素养、树立正确价值观,引领学生逐步形成适应终身发展和社会发展需要的必备品格和关键能力。因此我们努力追求生态课堂、智慧课堂!(知识课堂——智慧课堂)

(二) 从"提高课堂教学效率"的角度反思

齐鲁师范学院的齐健教授认为:"课堂教学的有效性,即要在有限的空间、时间和资源状态下,力求获得最大的整体教学效益,不仅指认知领域的,还应当包括方法领域的、情意领域的及学生所获得的全面发展。"反观课堂教学现状,存在低效、拖沓、重复等现象,教师教的效率和学生学的效率都需要提高。让学习知识的过程同时成为提高学生素养的过程,在不加重学生课业负担的基础上提高教育教学质量,我们追求高效课堂!(低效课堂——高效课堂)

(三) 从"突出学生课堂学习主体地位"反思

传统的课堂教学一直是教师主导,体现在教师的几个把持:把持课堂进程——重预设,轻生成;把持课堂时间——讲得多,学得少;把持问题答案——

没有足够尊重学生的多元理解和发散性思维。近几年的课堂教学改革似乎更片面追求突出学生主体地位。针对小学生的年龄特征和身心发展规律,我们认为,教师主导与学生主体的有机统一,是符合小学生实际的。姜哥庄小学探索了"六学三导"生态课堂模式,强调突出学生的学习主体地位,但是同时不放松教师的主导作用。我们追求自主生态课堂!(师本课堂——生态课堂)

二、追求自然、真实、绿色、互动的生态课堂

生态课堂是基于国内外课堂生态的研究和课堂教学存在的问题提出的。国外课堂生态研究基本上是遵循多伊尔的研究传统,认为课堂生态是由教师、学生、背景(或环境)和学习信息构成的生态系统。既然是一个生态系统,那么在这个系统中的生命应该是自然发展的,生命之间的关系是按照一定的自然规则和谐相处的,生命与周围的环境是相互适应的。

我们所理解的生态课堂,是由教师、学生、教学环境、课程内容等构成的具有生命活力的生态系统。在这个系统中,学生是学习主体,通过师生互动、生生互动,各类教学设施发挥作用,学生在宽松民主的氛围中保持态度积极主动、潜能不断开发、素质全面提升的自然发展状态。生本、生成、生活、生动是生态课堂的基本形态。(见图3-2)

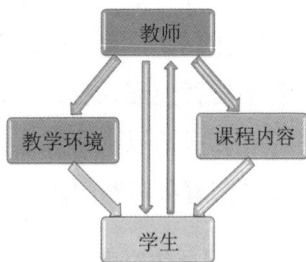

图3-2 课堂生态系统活力机制

从生态的角度,当下的课堂生态存在以下问题。

(一)学习内容脱离生活实际,显现"花盆效应"

生态学中的花盆效应指盆栽的植物受限于环境,生存能力下降,不会长成参天大树,难以适应不同的生活环境,类同于温室里生长的植物在室外难以存活的道理。

(二)教师专制、教师霸权现象

这种现象体现在教师的几个把持:把持课堂进程——重预设,轻生成;把持课堂时间——讲得多,学得少;把持问题答案——没有足够尊重学生的多元理解和发散性思维;把持话语权——没有足够尊重,没有把学生当作平等的主体。

（三）学生不能自由生长

生态环境下，万物相互依存，自由生长。课堂上学生缺乏活力，不能自由发表意见和见解。

（四）教学环境、教学设施的运用不够充分或不够合理

有的不能合理运用电化教学手段；有的把信息化辅助手段当作主要手段，工具书等运用不够。

针对以上现象，生态课堂要求教师转变教学观念，充分尊重学生的主体地位和学习权利，包括尊重学生质疑的权利、尊重学生出错的权利、尊重学生坚持自己观点的权利等。学生可以随时发问，学贵有疑，小疑则小进，大疑则大进。学生由不会到会、由不能到能，符合教育的自然规律，否则教育就失去了意义。课堂上要有更多的同伴互助，因为学生之间具有相近的思维水平、知识水平、语言水平，更有利于相互交流与接受。学生要有足够的自主学习的时间、宽松的畅所欲言的氛围，真理往往掌握在少数人手里，只要有理有据，只要有正确的世界观，不违背天理人伦，个人的观点应得到尊重。课堂教学内容要紧密联系生活实际，更多地以大自然为课堂，培养学生动手实践能力，提高学生提出问题、分析问题、解决问题的能力。

三、把握生态课堂基本形态，追求"生本、生成、生活、生动"

我们认为，生态课堂是由教师、学生、环境、教学内容等构成的具有生命活力的生态系统。在这个系统中，学生是学习主体，通过师生互动、生生互动，各类教学设施发挥作用，学生在宽松民主的氛围中保持态度积极主动、潜能不断开发、素质全面提升的自然发展状态。

（一）生本

生本课堂主要是针对过去的教材中心、教师中心提出的。课程改革的核心理念是"一切为了学生的发展"。建构主义学习观认为，学习是学习者主动建构知识意义的过程，学生在认知活动中具有主观能动性。因此，再高明的教师、再深刻的讲述都代替不了学生自己的学习活动。

在师生关系层面，教师要尊重学生的主体地位，不越位，不缺位，把更多的时间用于精心备课，课堂上把学习的时间和自主权还给学生，创设民主、平等、

和谐的生态环境,让学生自主学习、畅所欲言。教师所应做的是启发深思、高位引领,正所谓"学生过河时,指导搭一座桥;学生登山时,帮助铺一级台阶"。正像《学记》中所给出的精辟阐述:"君子之教,喻也。道而弗牵,强而弗抑,开而弗达。"意思是说要引导学生而不要牵着学生走,要鼓励学生,不要压抑他们,要指导学生学习门径,而不是代替学生做出结论。

以生为本要面向全体。许多著名的特级教师在课堂临近结束时都会问一下:"这节课谁还没有发言?"看似平常的举动却包含了对全体学生的关注,真正体现以学生为本,不让一个学生掉队。

(二) 生成

生态课堂必然是生成的课堂。教学过程是一个动态的师生及各种因素相互作用的推进过程,它要比预定计划中的过程生动、活泼、丰富得多。再完美的教材,也涵盖不了无处不在、随时生成的学习资源;再充分的预设,也无法完全预料每一个学生在学习过程中的思维活动及遇到的问题。

尊重学生、善于倾听和发现是课堂互动生成的基础,生成的灵感或许来自学生精彩的发言、独到的见解,或许来自学生小小的错误、不经意的一句话。只要善于捕捉,小小的"石子"就会激起学生思维的"千层浪"。

(三) 生活

陶行知的生活教育理论指出,生活即教育,教育即生活。把学生生活中生成的话题、季节的变迁、重大社会活动、节日文化等及时引入课堂,就会增强课堂教学与生活、与时代的联系,使教学保持鲜活、生动。从课堂教学的角度,更多地让学生联系生活实际理解、思考、认识事物、谈体会感想,可以让课堂回归生活,更多地触动学生的真情实感,收到事半功倍的效果。

(四) 生动

生动的课堂更能激发学生持久的学习兴趣,更能促进学生学科素养的提高。要实现课堂教学的生动,一是教学内容要生动,应适当拓展与补充,如语文课堂的课前三分钟积累、经典诵读、补充性阅读让语文学习不拘泥于教材;教师要运用多种多样的教学组织形式,根据学习的需要灵活采用读一读、写一写、画一画、演一演、唱一唱等方式。二是教师的语言要生动,富有诗情画意的描述、饱含深情地朗诵、绘声绘色的表演、幽默风趣的点评、热情地鼓励和精彩的点评、丰富的体态语言都会让课堂更加生动。三是教学组织形式要生动,独具匠心的教材处理,以辩论、比赛、闯关、小组评价等丰富多彩的形式,充分调动学生参与的积极性,提高学生动口、动手能力,活跃学生的思维。

总之,生态课堂应该是自然、真实、绿色的课堂,是有笑声、有掌声、有心声的课堂,能够充分发挥学生的积极主动性和教师的启发引领作用,能够实现全面提高学生素养、促进学生可持续发展的生态教育目标。

第六节　探索"六学三导"生态、高效课堂模式

一、"六学三导"生态课堂教学模式基本内涵

"六学三导"生态课堂中的"六学"指学生的"预习学→尝试学→合作学→展示学→实践学→拓展学","三导"指教师"激趣导航、引领导法、运用导练"。该模式的指导思想是充分落实学生的学习主体地位,坚持先学后教、多学少教,把课堂还给学生,把时间还给学生,着眼点在学生的学。教师只在必要时引导,作用体现于导航、导法、导练。(见图3-3)

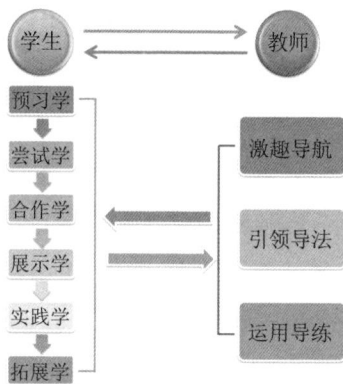

图3-3　"六学三导"生态课堂教学模式

"六学三导"生态课堂基本形态:生本、生成、生活、生动。

"六学三导"生态课堂基本原则:"不愤不启,不悱不发";"百家争鸣,百花齐放";"举一反三,触类旁通"。

"六学三导"生态课堂主要特色:自然、真实、绿色,有笑声、有掌声、有辩论声、有心声,师生焕发生命的活力。

二、"六学三导"生态课堂模式基本操作流程

(一) 第一阶段——"不愤不启，不悱不发"，学生自主学习、独立思考阶段

课前预习学，课堂尝试自主学，教师进行"激趣导航"。

1. 预习学

(1) 教师科学设计预习任务卡或制作微视频，学生提前预习。预习任务卡是学生课前自主学习的良好凭借，呈现出自学的基本任务，教师应该精心设计。

(2) 检查落实预习任务卡的完成情况。可以是课前检查，也可以在课堂上落实，培养学生良好的自主学习习惯，为提高课堂教学效率打好基础，同时提高学生自学能力。

2. 尝试学

(1) 教师创设情境，激发兴趣，通过设置悬念、启发谈话，或通过预习质疑，师生共同梳理出有价值的、能够体现学习重点的问题。

(2) 学生围绕重点问题自主尝试学习。尝试学习的时间要充分，鼓励独立思考。教师要相信学生，正像邱学华老师所说的："学生能尝试，尝试能成功。"

(二) 第二阶段——"百家争鸣，百花齐放"，合作学习、展示提高阶段

学生在尝试的基础上合作解决问题，通过展示反馈学习情况，教师"引领导法"。

1. 合作学

以小组合作的方式，围绕尝试学习的重点问题讨论交流学习情况。学生自己解决不了的问题在小组中讨论，同伴互助。采取科学有效的合作学习方式。合作的方式可以是师徒制，学生师傅带学生徒弟，也可以是四人或多人小组学习，组内分工协作，提高合作能力。当学生能够自己解决问题时，教师退居幕后，经过小组合作学习还不能解决的问题向老师提出。

2. 展示学

展示是生态自主课堂的精髓。展示学是学生个体或以小组为单位在全班进行的学习成果汇报。教师创设宽松和谐的课堂教学氛围，形成人人参与讨论、展示的机制，鼓励更多的学生到台前展示，做到落落大方、思路清晰、声音响亮，培养每一名学生的自信心，提高他们的表达能力。学生展示的过程中教师要给予及时精准的点评、指导、提升，渗透学法指导。

(三) 第三阶段——"举一反三,触类旁通",实践运用、拓展练习阶段

学生运用收获的学习方法和学习技巧进行实践训练,并突破教材向生活、向社会延伸学习,教师"运用导练"。

1. 实践学

"纸上得来终觉浅,绝知此事要躬行",学生通过新授习得方法之后,只有通过及时的巩固运用才能加深理解。教师精心设计具有层次性与典型性的练习题,由浅入深抓落实,学以致用巧训练。练习要有坡度、深度和广度,练习的量要适当且必要,注意落实到笔头。

2. 拓展学

结合教材新授内容,适当拓展扩思路。生态课堂强调课堂学习与社会、与生活密切联系。扩展训练时应该向书本外拓展、向校外拓展、向生活拓展,密切联系学生的生活经验,及时把握时代发展的脉搏。

在学生学习的基本流程中,教师要进行高位引领,激趣启发、学法指导贯穿整个课堂。教师适时指导学生总结提炼学习方法、学习规律,指导学生如何有效预习,如何分工合作,如何理解概括,如何思考分析等,着眼于学法指导,致力于能力培养,不断提高学生提出问题、分析问题、解决问题的能力。

"六学三导"生态课堂的育人目标指向学生的核心素养,而不仅仅是学科素养。自主学、尝试学环节注重培养学生自主学习能力、大胆尝试的意识;合作学、展示学环节重点培养学生合作解决问题的能力和自信展示、清晰表达的能力;实践学、拓展学环节注重学以致用,紧密联系生活实践学习等。教学生现在,想学生将来,学生未来发展需要的不仅是知识,更需要能力、素养,通过课堂教学有意识地培养、引领,必将影响学生一生。

以上是"六学三导"生态课堂基本模式。但教学模式是死的,人是活的,只要把握住生态课堂的本质,完全可以根据不同学科、不同学段灵活运用,每节课"六学"流程也不是一成不变的,如拓展学完全可以放入第二课时。

三、采取有效措施,扎实推进"六学三导"生态课堂模式的研究

(一) 因势利导,加强领导

晓望小学建立三级管理组织:一是学校成立课改试点工作领导小组,校长任组长,副校长任副组长,全面推进课堂教学模式改革;二是成立由分管教学的

业务校长及各学科负责人具体抓的课改试点工作组,及时查摆问题,提出有效的解决策略措施;三是各学科分管学科主任带领的课改试点教研组,确立课改学科的骨干教师、试点班级,有计划、有步骤地推进课题研究工作。

(二) 理念引领,培训导航

在课堂教学改革伊始,为了统一思想,达成共识,晓望小学编辑印制《生态教育让生命充满活力》《六学三导教学流程初探》等一系列校本培训材料,通过进一步学习,内化"六学三导"课堂教学模式的核心思想,构建实验研究的理论体系。

(三) 教研助推,探索前进

晓望小学将细化改革实验的实施步骤、活动安排,开展丰富多彩的教研活动。近期晓望小学将举行两期生态教育论坛,重点探讨"六学三导"生态课堂各环节的有效实施。晓望小学还将举行生态课堂引路课、同课异构研讨课、公开课等,举行生态课堂案例评选。同时对于课堂教学改革过程中出现的问题进行专题研究,查找问题成因,提出解决策略。通过加大教科研力度,发挥集体的力量,从而使教师熟练地掌握"六学三导"教学模式,打造生态课堂、智慧课堂。

(四) 评优表模,争优创先

制定"六学三导"生态课堂达标课、优质课认定标准。教师根据标准自行评价找差距、补差距,上好达标课,组织评优课,对已"达标"教师的课堂教学进行评比。结合晓望小学教研特点,通过"青蓝工程"和"推门听课"活动,使教师在互助中发挥引领示范作用。

附:

激趣导航,让语文课堂焕发生命活力

张玉秀

对于小学生来说,语文课堂往往比较乏味、枯燥。如何让语文课活起来,让学生在课堂乐起来,使他们在轻松愉快的气氛中学到知识呢?此问题一直困扰着我。乘着新课程改革的东风,晓望小学进行了生态教育方面的课题研究,探索了"六学三导"生态课堂模式。其中"激趣导航"这一环节很好地解决了我的困惑,课堂上学生学习的兴趣日渐浓厚,不断闪现智慧的火花。

一、别致新颖的导入

导入新课是组织语文课堂教学的起始环节,犹如一篇杰作的序曲。好的导入能先声夺人,扣住学生心弦,能激发学生的兴趣和旺盛的求知欲,创造良好的学习氛围。导入新课的方式有很多种,语文教师应根据需要灵活运用。如在教学习作《抓住人物特征"画脸"》一课时,首先教师出示学生感兴趣的动画片——《熊出没》,然后,让学生说说光头强长什么样。动画片唤起了学生的情感体验,学生说得头头是道,在兴趣盎然的氛围中学生掌握了写人物特征的关键要素,在接下来的习作中学生很轻松地完成了习作。再如,在教学《谈礼貌》一课时,教师以录制的学生的文明礼貌情景剧引入课堂,让学生进行讨论并引出课题,这样的导入亲近生活,体现了生态化教学的特点。此外,还可用图表导入、引用导入、介绍背景导入,使导入能创设一定的教学情境,起到引人入胜的效果。

二、有效地指导"预习学"和"尝试学"

"激趣导航"环节包括预习学和尝试学,它是推动学习活动的一种高效催化剂。当学生对某事物产生了浓厚的学习兴趣时,就会产生出强大的内部推动力主动自觉地学习,如饥似渴地去探求。因此,语文教师在教学过程中应当考虑照顾学生的语文学习兴趣,以便激发他们学习语文的积极性,促进学习的效率。而课堂教学中的趣味性,是诱发学生学习兴趣的一个极其重要的因素。如何有效指导学生预习学和尝试学,激发学生语文学习的兴趣呢?在教学中我们精心设计每一课预习卡的内容,让学生去尝试学。课堂上教师的指导必不可少。如我们在教学《大江保卫战》一课时,交流预习卡的第一部分,学生提出"日夜兼程"的"兼"字较难理解和识记。为了解决这一问题,我们抛开了传统的死记硬背的识记方法,出示了"兼"字的汉字演变,学生从直观的演变中发现"兼"是个会意字,字形像一手持两棵庄稼,进而理解了"兼"的意思是加倍。理解了单个字的意思,词(日夜兼程)的意思也就迎刃而解。这样学生带着疑问来学习,学习的积极性增强,教师准备充分,以精彩的课件将"兼"字的演变呈现出来,学生既理解了汉字的意思,又识记了汉字,轻松解决了学生预习学中的问题。为了更好地激发学生学习汉字的兴趣,我引导学生根据"兼"字猜谜:汉字是很有意思的,表示对不住人或者收成不好,就是?("歉",像我们常说的歉意、道歉)尽管一手持两棵庄稼,但从不向别人炫耀就是?("谦",如谦虚、谦逊)在古代男人种田,女人织布,但一个女人一手持两棵庄稼,就让人怀疑、嫌弃,就是?("嫌",如嫌弃、嫌疑)学生兴趣高涨,由一个字引申学到了好几个字,借机我又让学生继续研究汉字。课下,学生兴趣盎然地研究汉字,常常为了一个汉字而喜上眉梢或争得面红耳赤……尽管有争议,但可以看出学生已经深入汉字内部研究汉字的意义,对语文产生了浓厚的兴趣,这就是"激趣导航"产生的巨大动力。

新课标指出:学贵有思,学贵有疑。在预习学中学生会提出很多疑问,教师要鼓励学生提出有价值的问题,然后进行有效的梳理和引导,并指导学生进行尝试学,在学中理解感悟,充分体现"以学定教,先学后教"的教学理念。如在教学《大江保卫战》中有的学生从用词方面提出自己的疑问:第五自然段,三个"飞向"换成"游向"行不行?我组织学生充分读课文,先自己尝试着解决这一问题,然后小组讨论交流。在激烈的讨论中,学生各抒己见,畅所欲言,从不同的角度去解读文本,有的学生从当时的环境去谈,感受到这是一个千钧一发的时刻;有的学生从战士们的心情去谈,感受到战士们焦急万分的心情;有的学生从战士们的动作谈,感受到战士们的动作迅速和义无反顾……最终大家达成了一致意见——不能换。学生在思考学习中、在激烈的讨论中、在归纳总结中……得到的不仅仅是一个问题的答案,更重要的是学生掌握了如何去学习语文,当有疑问的时候如何去解决……长期有效指导学生的预习学和尝试学,能提高学生的阅读能力,学生会自觉地阅读、思考,对学生从一篇课文的学习到课外整本书的阅读,起至关重要的作用,让学生受用终生。

有效的激趣导航,使课堂真正成为学生获得多方面满足和发展的空间,激活了学生的思维,使语文课堂教学拥有鲜活的、旺盛的生命力。

附:

姜哥庄小学追求理解的教学设计案例

课题:平行四边形的面积　　年级:五年级　　授课教师:王璐

预期结果	
教学目标	1. 学生通过动手操作和观察、比较,理解平行四边形的面积计算公式的推导过程,体验数方格及割补法在探究中的应用,掌握并学会运用面积公式解决实际问题

	预期结果
教学目标	2. 初步认识转化的方法,培养学生的观察、分析、概括和动手能力,发展学生的空间观念 3. 学生在自主探究和合作交流中,体验学习数学知识、解决实际问题的乐趣
学生将理解	1. 理解面积就是物体表面或围成的平面图形的大小 2. 平行四边形转化为长方形可以求出其面积 3. 理解平行四边形的面积推导过程
学生将能够做到	1. 能利用方格图数出平行四边形和长方形的面积,对猜想进行初步验证 2. 沿着平行四边形的任意一条高剪开,都能把平行四边形转化成长方形 3. 根据长方形的面积推导出平行四边形的面积公式 4. 利用平行四边形的面积公式解决实际问题
基本问题	怎样将一个平行四边形转化为长方形并推导出面积公式?

	评估证据
表现性任务	1. 工人们正在安装一块平行四边形的玻璃,长1.2米,宽0.7米,面积是多少平方米? 2. 用边长分别为7厘米、5厘米,高为4厘米的平行四边形进行研究,猜想并验证平行四边形的面积公式
其他证据	1. 小组讨论交流:能将平行四边形转化为长方形,得出平行四边形底与长方形的长、平行四边形的高与长方形的宽之间的关系 2. 问答交流:能正确叙述平行四边形面积的推导过程,能掌握平行四边的面积公式及字母表达 3. 课堂测试:用平行四边形的面积公式解决实际问题 4. 实践活动:能计算出学校花坛的面积

学习设计与过程
一、创设情境,大胆猜想 (一)根据情境图提问题 提问:工人们正在安装玻璃。从图中,我们知道了什么?能提出什么问题? (二)出示课题 谈话:我们用这张平行四边形的卡片代替玻璃的形状,一起研究研究"平行四边形的面积"。 (三)回忆长方形和正方形面积 引导学生回顾,学过哪些平面图形的面积?怎样求长方形的面积? 学生想到已经学过长方形和正方形面积。长方形的面积=长×宽。

学习设计与过程
（四）猜想平行四边形的面积 教师拿出平行四边形的卡片,引导学生大胆猜想一下它的面积。 二、实践验证,推导公式 （一）小组活动 在小组活动时,教师巡视,要做到两方面。 1. 了解学生数方格的方法和结果 2. 了解学生剪拼的方法 （二）全班汇报 1. 数方格的方法 2. 转化的方法 　引导学生边演示边说明:把平行四边形沿着高剪拼变成长方形,长方形的面积是 28 平方米,所以平行四边形的面积就是 28 平方米,验证了这个猜想是正确的。 　引导学生思考,是怎样把平行四边形转化成长方形的。 　学生结合操作经验,回答沿着任意一条高都能把平行四边形转化成长方形。 （三）引导反思 　小结:牛顿说过,"只有大胆的猜想,才有伟大的发现和发明"。当然,光猜想还是 不够的,还需要勇于实践验证猜想。 （四）总结公式 　引导学生总结公式推导的过程。 　学生观察,发现:长方形的长和平行四边形的底相等;长方形的宽和平行四边形 的高相等;长方形的面积和平行四边形的面积相等。 　师:根据大家的发现,说说平行四边形的面积怎样计算? 　学生能结合实践经验想到平行四边形的面积＝底×高。 　引导思考用字母怎样表示这个公式? 　学生能结合已有的知识经验,想到 S＝ah。 　引导学生思考,只要知道了平行四边形的底和高,我们就能求出平行四边形的面 积。 （五）解决情境图的问题 　学生口头列式,计算玻璃的面积:1.2×0.7＝0.84（平方米） 三、应用公式,解决问题 1. 基础练习:计算下面的平行四边形的面积（见图 4） 图4 16米　20米　9分米　28分米　14厘米　8.5厘米

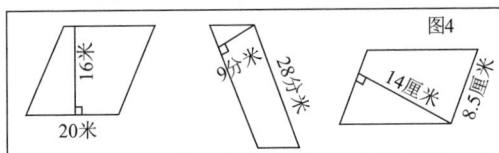

续表

学习设计与过程
2. 解决实际问题 　一块近似平行四边形的草坪,中间有一条石子路。如果铺 1 平方米的草坪需要 12 元,铺这块草坪大约需要多少钱? 　学生独立完成,集体订正。 　3. 拓展练习 　师:这座大楼的前面有一片草坪,什么形状的? 面积是多少? 　四、回顾总结 　提问:这节课我们学习了什么知识? 　预设 1:知道了平行四边形面积的计算公式 S = ah; 　预设 2:在平行四边形面积的推导过程用到了剪拼的方法,把平行四边形转化成长方形; 　预设 3:学会用平行四边形面积的计算方法解决生活中的实际问题。 　总结:看来同学们收获还真不少! 不但谈到学会了什么知识,还谈到掌握了一种方法——转化。这种数学思想方法非常重要,在我们的数学学习中会经常用到。

第七节　开展"类型化"教学研究,深度开发学科育人价值

　　针对日常教学研究中存在的效率低下、主题不明确、碎片化研究多等问题,为使教学研究更加聚焦与精准,崂山区石老人小学以"类型化"教学研究的方式推进学科育人价值的开发。

一、"类型化"教学研究的主要目标

　　通过"类型化"教学研究,发展学生学科核心素养,形成各学科"类型化"教学研究的基本策略、经验,形成学科教学品牌,育人质量整体提高,同时实现教师学科专业素养的提升。

二、"类型化"教学研究的基本策略

(一) 系统化思考

整体把握学科育人价值和学科核心素养,对学科知识体系有清晰的认识,将学科核心素养的培养融入学科教学过程,确定学科教学品牌创建方向。

以语文学科为例,语文教研组通过反复研讨和完善,初步形成了石老人小学语文学科育人价值的认识,确定了实施策略。

表 3-1 石老人小学语文学科的育人价值及实施策略

学科	育人价值	实施策略
语文	培养终生阅读的习惯; 提高阅读理解、归纳概括、提取信息能力; 培养运用语言文字表达真情实感、完整叙述的能力; 传承中华优秀传统文化,吸收世界多元文化; 阅读、习作实践中提高思想道德修养和审美情趣,逐步形成正确的世界观、人生观、价值观; 学会认真倾听,能完整、清晰、准确地表达自己的观点; 能够写规范、美观的汉字; ……　……	提高教师语文综合素养和挖掘语文学科育人价值的意识与能力; 备课时正确解读教材文本,语文要素和人文要素双线并进; 充分利用课堂生成资源,在师生互动交流中使学生形成正确的情感、态度、价值观; 突出学生学习主体地位,运用启发式教学,采用自主、合作、探究的学习方式,把课堂还给学生; 有计划地开展课外阅读,探索课外阅读课内指导,引导学生读好整本的书,让学生的语言积累更加厚实; 开展语文综合实践活动,综合提高语文素养; 注重学习方法指导,提高语文能力; ……　……

(二) 长程化设计

探索学科育人价值"类型化"专题研究框架。依据教材编排体系、教材内容内在逻辑关系,各学科重新梳理教材,长程设计,形成类型化教研覆盖下的专题研究框架,每学期各学科重点研究一两个专题,在三年周期内完成相关专题的研究。

如英语学科确定了"浸润式多元体验英语学习研究"的三年长程设计总课题,包括六个学期研究子课题。数学学科确定了"数认识、数计算、形认识、形计算、数量关系、探究规律、解决问题策略、式与方程、统计、概率、计量单位、综合与运用"等十二个研究领域,教师根据学期研究专题在学科组内进行集备、课堂教学展示,学期末形成研究报告,在研究中凝练经验,积累成果。

(三)专题化研究

确定各学科学期教研的主题,在大课题下,低、中、高年级分别确定子课题或分课题;组织节点活动推进,确定每个主题的出课人、中心发言人等,全员参与,同时发挥学科骨干教师的示范引领作用。

语文学科围绕"类型化教学"推进读写融通有效策略的研究专题,继续推进三个专题的研究:① 整本书阅读以及指导课、推进课和总结课;② 写景状物类习作课的研究;③ 口语交际课型的研究(分段进行)。采取自主选项、统一调配、定人成组的方式进行实践研究。

数学学科开展了数运算和形概念教学两个领域的研究。围绕数运算研究主题,李静老师执教了"两三位数小数加减法",曲雯雯老师执教了"异分母分数加减法",陈秀叶老师执教了"一位小数加减法",王海燕老师执教了"两位数加两位数"。四节典型课例带动专题研究,引领教师们更好地理解数运算的知识结构、递进关系,深入挖掘了数运算的学科育人价值。形概念领域举行了"认识长方形和正方形""认识面积和面积单位"等课例研究,引领教师们明确了学生对形概念的掌握要由具体到抽象,再由抽象到具体多次往复。这样一个主题一个主题地突破,不断形成新认识,积累经典课例。

英语学科基于理论基础和学校的英语教学实际情况,确定"浸润式多元体验英语学习研究"的英语学科主题研究。形成学校—家庭、课内—课外、书本—网络相结合的绘本学习平台。课下选择符合学生年龄特点的绘本,作为课本话题的补充,提供给学生丰富的阅读资料。在此基础上,本学期通过思维导图在英语课上的探究与使用激发学生思维的发展。课后通过思维导图梳理单元及相关话题,培养学生的"类结构"意识。

(四)序列化推进

研究低、中、高年级"类型化"教学发展学生学科素养的不同任务、策略,注意各年段不同类型教学的衔接,把低段的研究成果作为高段研究的起点,形成知识序列、方法序列等。

语文学科组以提高学生的语文素养为导向,围绕"类型化"教学研究推进读写融通有效策略的总课题,开展了"写人记事的习作"和"整本书阅读指导课、推进课和总结课"的实践研究。以"写人记事类"习作专题研究为例。二年级康凯老师结合绘本《母鸡萝丝去散步》,指导学生抓住母鸡的动作、神态展开大胆想象,补写故事,为低段的"看图写话"指导课开辟了一条新途径。三年级陈娜娜老师通过抓住人物的外貌特点、性格特点指导学生写《我的朋友》。五年级吴洪婵老师聚焦人物的心理活动,以《小确幸》为题目引导学生把人物心理写具体、写详细,从而凸显人物的特点。不同年段同一主题的聚焦研究,形成了写人记事类习作教学的基本认识,提升了语文教师明确目标、聚焦专项、落实高效课堂的能力,促进了学生表达能力的提高。

(五)日常化实践

日常教学中运用"类型化"思想,各学科广泛运用思维导图辅助教学,探索了思维导图辅助教学的多种模式,包括课前预习如何运用思维导图、课堂教学中思维导图的运用、如何运用思维导图梳理总结知识体系形成知识树等,组织学生进行类型化练习,培养学生举一反三、触类旁通的意识和能力。

三、"类型化"教学研究的价值

经过一个阶段的"类型化"教学研究实践,石老人小学教师深度开发学科育人价值的意识明显增强,能够对教学内容进行创造性重组,聚焦类型化专题研究,关注学段之间的衔接,通过教结构、用结构,充分发挥学生学习主体地位,提高课堂教学效率,推动了各学科课堂教学的深入研究和推进。

对学生而言,"类型化"教学引领学生学会系统思考,帮助学生建立知识与知识之间的联系,形成知识体系、方法体系、能力体系,学会知识、方法、规律的迁移、转化、运用,通过引导学生主动发现、主动转化、创新迁移,在教学实践中让学生掌握寻找"类型"的方法和运用"类型"的能力,提高学生在具体情境中运用所学知识提出问题、分析问题、解决问题的能力,从而实现提高学习品质、发展核心素养的目标。

第八节 项目式学习

过去几十年,世界发生了翻天覆地的变化,其中一个变化是,世界变成了一个项目式的世界。城市发展往往以引进大项目为驱动,很多公司的工作是以项目的形式来组织,越来越多的人在不同客户的项目间奔波。在教育教学领域,项目式教学成为课堂教学改革的重要突破点。

新的义务教育课程方案和课程标准提倡推进综合学习,倡导"探索大单元教学,积极开展主体化、项目式学习等综合性教学活动"。美国教育家苏西·博斯和约翰·拉尔默所著的《项目式教学》,为开展项目式学习(PBL)提供了理论指导和实践经验。他们认为高质量项目式学习的六项衡量标准是智力挑战与成就、真实性、公开展示的成果、协作、项目管理、反思。他们倡导七大教学实践:建立适合的课堂文化;进行项目的设计与计划;把项目学习目标与课标对应起来;管理教学活动;评估学生的学习;为学生搭建有效的学习支架;参与指导学生的学习过程。

我们所理解的项目式学习,是教师引领学生基于现实学习、生活中遇到的实际问题,立足真实情境,以项目任务为驱动,综合运用所学知识(大概念与核心知识),经过一个周期的自主、合作、探究学习,在解决实际问题中发展学生的核心素养。

一、项目式学习的特征

与常规学习方式相比,项目式学习具有几个明显的特征。

(一)强调学生主体作用

项目式学习充分尊重学生的主体地位,从项目的确定,到项目的计划、推进,再到学习成果的展示,以及对学习过程的评价与反思,都以学生的自主、合作学习为主,教师只是指导者、协助者。

（二）强调合作学习

项目的完成需要参与的学生进行明确分工,问题的解决是团队协作的结果。项目团队中的每一个人都要发挥自己的作用,都要参与学习全过程。

（三）公开展示的成果

项目式学习指向解决实际问题,要形成有价值的成果。成果可以是研究报告、小论文,也可以是舞台剧、小视频,还可以是演讲、汇报会等。展示成果的过程同时也是发展学生核心素养的过程。

（四）打破学科的界限

项目式学习中的问题真实而复杂,需要综合运用多个学科的知识,需要借助信息技术手段,链接生活,在具体的情境中迁移、运用知识解决问题。

二、项目的选择与确定

怎样选择优质的项目,如何找到学生真正关心的问题让他们参与到学习中,是开展项目式学习首先要解决的问题。不应该把项目式学习看得有多么神秘,不能人为拔高学习要求。

（一）学生生活中遇到的实际问题

如拍摄新校全景图项目,学校、班级宣传时需要校园全景图,但传统的摄影方式无法做到,学生需要学习无人机操作、编程、航拍技术等,完成项目学习任务。

（二）学科拓展类微项目

让项目向有意义的学术目标、课标看齐,课标中的核心概念能够得到学习、理解、应用。如测量新校的占地面积、建筑面积项目,需要学生动手实地丈量,需要学习画平面图,需要学习面积计算、比例尺知识,然后综合运用所学知识解决实际问题。

（三）有价值的小课题

引领学生围绕某个点学深、学透,在完成小课题、完成项目的过程中综合运用多学科知识解决问题、增长本领。如"我为家乡代言"项目,学生实地游览、领略崂山风光,学习写游记、写景色;学写中英文导游词,向客人介绍家乡的景点,学做小导游;对崂山旅游发展提出建议;研究崂山的植被(包括中草药)、地貌等。

三、教师在项目式学习中的角色与任务

项目式学习离不开教师的指导和参与,但在项目式学习过程中,教师不再是知识的传授者,不再是学习过程的操控者,更多的是引导者、陪伴者、促进者。

(一)指导学生选择学习主题,共商学习计划

学生遇到的实际问题和感兴趣的主题是项目式学习的源头。教师可以引导学生把看似零散的问题与课程目标对应,与学科知识建立链接,启发学生自主确定有价值的研究项目。在项目组成员制订学习计划时给予引领,对项目的实施进程、学习的深度难度进行必要的指导。

(二)建立适合的课堂文化

民主、宽松的教学氛围是发挥学生在项目式学习过程中主动性、创造性的关键。教师把课堂还给学生,尊重学生的选择权,尊重学生的独特观点和个性体验,使学生能够畅所欲言,敢于批判质疑。教师引导学生创建课堂公约,设置项目墙等学习空间,形成师生共同接受的规程和惯例,更有利于学生主观能动性的发挥。

(三)为学生搭建有效的学习支架

学生在项目式学习的过程中,需要教师创造条件和支持。学习阶段不同、水平不同的学生需要的学习支架不同。教师应该遵循"最近发展区"理论,使用多种多样的工具和策略引导学生专注于核心知识、理解力和技能,让学生能够"跳一跳摘到桃子"。学习支架可以是项目流程的支架,如项目墙、词汇墙;可以是语言模板或文本框架;也可以是学习任务单、思维导图、信息组织图等。学习支架是为了让学生得到必要的支持来获取内容、技能和资料,随着学生的能力得到发展,教师可以逐步撤除学习支架。

(四)参与和指导项目式学习的全过程

教师是项目式学习的"指导教练"。项目启动阶段,教师需要参与并引导学生确定驱动问题。项目实施阶段,教师要能够及时提供建设性的反馈,鼓励

学生进行深度学习与探究。当学生取得进展时,教师应热情地表扬鼓励;当学生遇到困难时,教师应给予关心和帮助。项目接近尾声时,教师还要帮助学生反思学习的过程,反思进步与问题。

总之,项目式学习指向发展学生的实践能力和创新精神,赋予学生学习学科知识和技能的能力,有助于学生更好地适应未来的生活和未知的挑战。

附:

姜哥庄小学项目式学习学生学习方案

项目名称:我为家乡代言	指导教师	王雪芹

核心驱动问题	为迎接手拉手伙伴学校贵州省坪上镇中心小学师生团的来访,学校准备让五年级同学成立接待团接待来访嘉宾,到时,你会怎样介绍我们美丽的家乡——青岛呢?
与课标对应	《小学语文课程标准(2022版)》中提出:"关心社会文化生活,积极参与和组织校园,社区等文化活动,发展交流、合作、探究等实践能力,增强社会责任意识。" "梳理与探究:初步了解查找资料、运用资料的基本方法。利用图书馆、网络等渠道获取资料,解决与学习和生活相关的问题。策划简单的校园活动和社会活动,对所策划的主题进行讨论和分析,学写活动计划和活动总结。"

最终成果	学习结果/目标	检查节点/形成性评估	针对全体学生的教学策略
本次项目式学习活动以"我为青岛代言"为主题,这次活动将"青岛的风景名胜"作为核心概念,通过对青岛各景点的研究和介绍,深入了解和积极宣传青岛。学生以小组为单位,通过收集资料、实地游览、设计路线图、撰写导游词、做小导游等活动方式,将学科知识与活动	1. 通过查找资料和实地游览,了解青岛的美景,激发学生对家乡的热爱2. 通过撰写导游词、导游选拔等方式,锻炼学生语文听、说、读、写的能力,以及合作探究、活动组织、人际交流等实践能力。在自主学习与合作学习的过程中,进一步增强文字阅读、语言表达等能力,	此次活动,每一位同学都经历了一次完整的学习历程。独立思考后的讨论交流,为后续的活动提供了充分的入项准备;资料搜集的目的化、重点化、条理化、顺序化、版面化,让综合性学习实践化;导游稿的撰写使实用文的功能性和对象感得以"落地";视频的拍摄和制作	这次项目化学习活动,让学生走出课堂,以小组合作的方式,通过游览青岛的风景名胜、搜集青岛的资料、做小导游等丰富多彩的活动,将青岛的风景名胜和丰富的人文历史相结合,紧扣语文核心素养,提高学生自主发展和社会参与的能力,引导学生做一个热爱中国文化、富有人文情怀的人

最终成果	学习结果／目标	检查节点／形成性评估	针对全体学生的教学策略
实践相结合,形成对青岛景点的研究成果。不仅培养学生的综合素养和实践能力,而且让学生了解青岛、认识青岛,宣传青岛	形成读者意识的思维路径,提升语言思维水平 3. 了解自己的家乡,热爱中华民族的优秀文化,培养民族自豪感	更提升了学生信息技术的实用技能	
1～2周 (拍摄照片、制作家乡宣传册)	1. 进行实地游览观光,拍摄青岛风景照片,小组内评选最佳摄影师 2. 搜集相关资料,制作图文并茂的宣传手册 3. 通过对青岛各景点的研究和介绍,深入了解青岛文化,增进对家乡的热爱之情	小组内评选最佳摄影师,在"制作家乡宣传册"任务中,每个小组的成员先对家乡宣传册进行自己的创意策划,然后小组之间对各组创意进行互评,最后每个小组根据本组的最佳创意,分工合作完成宣传册的制作	跨学科整合策略,引导学生学会将语文与美术、信息技术学科结合起来,鼓励学生在行动实践中学习语文,在项目化学习中培养学生自主探究的能力
3～4周 (撰写导游词)	1. 学习使用游览顺序,运用动静结合的描写手法撰写导游词 2. 通过撰写导游词,锻炼学生语文听、说、读、写的能力,以及合作探究、活动组织、人际交流等实践能力	根据师生共同制定的导游词评价标准进行自评、互评、师评。项目化学习中,实施全程评价不仅要对学习成果进行评价,还要对学习过程进行评价	1. 提炼核心知识,明确学习目标 2. 设计驱动任务,激发探究热情。好的驱动性任务不仅要指向核心知识,还要让学生在完成任务的过程中始终保持高度的专注和积极参与的热情 3. 实施全过程评价,激励学生参与

最终成果	学习结果／目标	检查节点／形成性评估	针对全体学生的教学策略
5～6周 （我做小导游视频）	1. 通过小组试讲、集中展示，提高语言表达能力，做到表达有条理、声音响亮、姿态大方 2. 通过小组试讲、集中展示，学会有耐心认真地倾听，能参与讨论，敢于发表自己的意见 3. 利用在校内收获的导游经验，进行实地导游，拍摄讲解视频。进一步增强了同学们的自信心及对家乡的热爱之情	1. 通过小组试讲、集中展示，提高语言表达能力，做到表达有条理、声音响亮、姿态大方 2. 通过小组试讲、集中展示，学会有耐心认真地倾听，能参与讨论，敢于发表自己的意见 3. 利用在校内收获的导游经验，进行实地导游，拍摄讲解视频。进一步增强了同学们的自信心及对家乡的热爱之情	1. 公开分享、展示。学生小组要在公开的地方向人们分享他们的方案，让更多的人进行观摩和评价 2. 进行多元评价。评价注重多元性，以促进学生小组对作品的改进或更新
项目名称：我爱世界杯		指导教师	王枫红
核心驱动问题	四年一次的足球世界杯，魅力在哪里？		
与课标对应	新课标要求把世界当成学生的教科书，从现实生活中挖掘生成性课本资源，教师要有课程开发意识。世界杯不仅是亿万球迷的盛宴，也是学生认识世界的一扇大门。紧跟时事，围绕世界杯，结合学科融合、注重实践的新课程标准的理念，设计相关学习项目		
最终成果	学习结果／目标	检查节点／形成性评估	针对全体学生的教学策略
1～2周	依托世界杯，让疫情中的学生认识世界，体验全世界多元的文化	制作32支球队国家名片	学生通过网络、电视、书籍等途径收集32支球队国家的资料

最终成果	学习结果/目标	检查节点/形成性评估	针对全体学生的教学策略
	了解世界杯的历史文化、足球赛事等知识	上交一张观看球赛的照片。在小组内交流如何看懂一场足球赛。谈谈观后感受,说说比赛规则。在小组内完成《世界杯过"足"瘾》手抄报,交流汇报	整理收集的资料,从这些资料中获取有关世界杯的有效信息,并记录下来,在小组内分享
3～4周	动手动脑亲身实践,增进对世界杯的了解和热爱,学习世界杯相关知识与技能、历史与文化,提高体育素养和艺术审美	补充完善对世界杯的认识,有深度和广度。足球,不仅仅让我们看到体力的对抗,更重要的是团队协作、意志品质、奉献精神以及抗挫折能力	观看世界杯,思考在观看世界杯的过程中有怎样的发现,并做好记录
5～6周	总结归纳进一步提高写作水平,增进对体育知识的了解,培养对体育文化的热爱,激发对体育精神的向往。提高学生实践创新、语言表达、沟通交往、团结协作等关键能力	模仿电视主持人解说比赛。我喜欢的一位足球明星成名史探秘,开展对体育精神的讨论。完成我心目中的足球精神观后感	观看世界杯精彩进球。合作讨论,自由分享,老师做指导

第四章
管理生态

第一节　扬长教育视域下的学校管理内涵

从一般意义上来说,管理要素包括人力、物力、财力,还有时间、空间、信息等。职能管理理论认为,"管理就是预测和计划、组织、指挥、协调以及控制"。扬长教育培育校园新生态,旨在研究如何科学管理、有效管理,研究管理如何更好地服务于优良教育生态建设,如何更好地服务于师生发展,建立符合生态规律的管理制度,实施以人为本的管理方式,形成和谐共进、教学相长、团结互助的良好人际关系。

以生态学视角观照学校日常管理,存在明显的不符合生态规律的现象,主要表现在以下方面:

◎教条化——以约束、管住为目的,压抑人,不利于人的生命活力自然而然地绽放;

◎标准化——千校一面,不利于师生个性培养和学校特色发展;

◎静态化——不能根据时代发展、人的发展需求及时改进;

◎形式化——制度多而杂,只停留在纸面,没落实到实际工作中。

一、校长的角色定位

（一）领导者

苏联著名教育家苏霍姆林斯基说："校长对学校的领导，首先是教育思想的领导，其次才是行政领导。"领导是决策，决定做正确的事情。领导，一是领，给部下以方向感，知道往哪走；二是导，给部下以方法，知道怎么走。校长是第一责任人，但不是一切工作的责任人，主要在关涉全局的方面承担领导责任；每一位领导干部、教师都应该成为自己承担工作的第一责任人，而不是对他人负责、执行他人的旨意。每个人都是自己工作领域的第一责任人。管理大师德鲁克说："自我管理是人事方面的一场革命。它要求每一个知识劳动者像首席执行官那样思想和行动。"校长的领导力应该体现于激发全体干部教师自我管理、独立思考与解决问题的能力。校长在其他领导人负责的领域中，应该是出色的合作者，而各领域责任人在价值取向、总体目标上保持对总决策的认同。

（二）管理者

管理是执行，努力做好正确的事情。管理，一要"管"，主要是管事；二要"理"，主要是理人，理顺人心，理顺关系，理顺情绪。"管理的本质是激发善意和潜能。"管理可以分为三层境界：人管人、制度管人、文化管人。制度让想犯错的人不敢犯错，文化让有机会犯错的人不想犯错。管理应该坚持目标导向、问题导向、结果导向。所谓"取法乎上，仅得其中；取法乎中，仅得其下；取法乎下，则无所得矣"。管理者应该有争创一流、唯旗是夺的目标意识，用自己干事创业的激情引领师生努力实现一流的目标。

二、优良管理生态的主要追求

（一）制度更科学

管理制度的重要性不言而喻。我国改革开放的总设计师邓小平说："制度不好可以使好人无法充分做好事，甚至走向反面。"韩国前总统朴槿惠在访问中国发表演讲时说："没有人什么也无法实现，但没有制度，什么都无法持续。"

对一所学校来说，完善学校章程，健全管理规章制度，是实施科学管理的第一步。《国家中长期教育改革和发展规划纲要》指出，要适应中国国情和时代要求建设依法办学、自主管理、民主监督、社会参与的现代学校制度，这为学校管理改革和创新指明了方向。重点应该建立三个制度群——科学决策制度群、民主管理制度群、监督保障制度群,并在实践中不断精细化、科学化。

(二) 决策更民主

校长负责制规定了校长对学校教育教学和行政管理工作全面负责,但校长负责不等于校长一个人说了算,必须发挥党组织的政治核心作用、教育工会的组织团结作用等。按照现代学校制度建设要求,学校要成立校务委员会,探索建立由学校领导、教师代表、家长和社区(社会)代表等多方人员组成的新型民主决策机制,对学校发展中的重大事项进行论证、决策;要完善教职工代表大会制度,在涉及教职工切身利益的晋级、评优、绩效工资发放等方面充分发扬民主,切实保障教职工参与学校民主管理的权利;要进一步完善家长委员会参与学校管理、参与教育工作的相关制度,使其成为沟通学校与家庭的桥梁。

(三) 管理更人性

玫琳凯化妆品有限公司的老板玛丽·凯在《掌握人性的管理》中指出:"管理的最高境界就是让每一个被管理的人都感到自己重要。"以人为本的管理要求学校把教职工作为最重要的资源,以教职工的价值实现为管理目的,以尊重、激励为管理手段,充分地调动和发挥全体干部教师的工作积极性、主动性和创造性。因此,管理过程中应该做到"三个转变",即变被动接受为主动履行、变被动遵守为参与制定、变权威命令为约定俗成。减少强制性,让管理不再生硬,不再冷冰冰,而具有感情的温度,充满人性的光辉。

(四) 机会更公平

大自然中万物共生,共享阳光雨露,正如毛泽东同志在《沁园春·长沙》中所写——"鹰击长空,鱼翔浅底,万类霜天竞自由"。人人生而平等,人的生命没有高低贵贱之分,作为育人的专门场所,教育的机会、发展的机会应该面向学校的每一个人。每一位教职工只要努力工作,都应该拥有公平的发展机会,有获得培训提高的机会,有参与评优、晋级的机会,有更好地实现自身价值的机会。每一名学生都应该获得公平的发展成长机会,学校、教师面向每一名学生,有教无类,因材施教,让每一名学生有发展兴趣特长的机会、当班干部的机会、回答问题的机会、参加各级各类比赛活动的机会等,给每一个学生闪光的舞台,让他们不断获得成功的体验。

（五）评价更有效

新课程观下的教师评价强调对教师进行综合评价,用动态的、发展的眼光,对教师工作的各个环节进行系统的、全程的、循环往复的评价,实施定量与定性相结合的评价方式,从德、能、勤、绩、学等方面综合评价。在学生中实施零起点评价、目标完成评价、多把尺子评价、素质发展综合评价等,建立综合、动态的学生成长档案。实施尊重性评价,实践教师尊重的语言:为学生服务、鼓励性的语言、肢体接触、提供礼物、更长的相处时间等。

总之,生态管理努力发挥学校教育系统内各生态因子的作用,尤其是人的积极性,使校园生态实现"风清人和"的目标,即校风正、学风浓、教风和、班风清,让每位师生焕发生命的活力。

第二节　构建和谐共进、健康向上的人际关系

作为一个相对独立的生态系统,学校中的人是整个系统中最关键的因素,在这个系统中的人主要有校长、一般管理者、教职工、学生以及学生家长、社区工作者、上级主管部门领导等。扬长教育管理的主要目标是构建和谐共进、健康向上的人际关系,充分发挥每一个人的主动性、积极性。校园内的生态管理重点要打造以下四种健康的人际关系。

一、师生关系

根据研究,对于中小学生来说,在所有的人际关系中对学生成长影响最大的是师生关系。根据脑科学的研究,情绪能够影响人的认知水平。所谓"亲其师信其道",学生对教师尊重、敬重乃至发自内心地热爱,就会全身心地投入到学习中,甚至不知不觉中模仿教师的言行。在师生关系中,教师是起主导作用的,要构建教学相长、民主平等、和谐融洽的师生关系,关键是教师能够发自内心地尊重学生。

（一）尊重每一名学生受教育的权利，尊重每一名学生的人格

这是教师基本的职业要求、依法治教的底线。要求教师关爱后进生，真心容纳学生的缺点，不讽刺挖苦、体罚和变相体罚学生，蹲下身子和学生谈话，做到一个都不能少——谁敢说少了的那一个不是又一个比尔·盖茨。

（二）尊重差异性

教育对象是具有鲜明个性特征的学生，学生的差异是客观存在的，每一名学生身上都有巨大的潜能，都有自己的闪光点。教育不能像工业那样制造整齐划一的产品，而应更像农业那样根据不同庄稼的特点浇水、施肥和管理，即因材施教、尊重多样性与差异性。

（三）尊重不同的智能类型

不同的学生会体现出如语言、逻辑、音乐、运动、人际关系等不同的智能特点，拿不同类型的学生做比较，就像拿辣椒和蜂蜜、葡萄比较一样。尊重学生个性发展、特长发展的权利，满足学生不同的发展需要，为他们的全面发展、个性发展提供平台与机会。

（四）尊重身心发展规律和学习规律

遵循儿童的年龄特点和活泼好动的天性，顺其天性，循序渐进，不揠苗助长、急于求成。尊重学生的创造性，教学过程中尊重其多元理解和独特体验。重视学习方法的指导与规律的总结，引导学生提高学习效率。

（五）实施尊重性评价

实践教师尊重的语言，包括为学生服务、鼓励性的语言、肢体接触、提供礼物、更长的相处时间等。在学生中实施零起点评价、目标完成评价、多把尺子评价、素质发展综合评价等，让每一名学生扬起希望的风帆，树立自信心。

二、管理者与被管理者的关系

干群和谐是学校发展的关键。要做到干群和谐，提倡"五要五不"，即要相互信任不猜疑、要互相交流不隔膜、要互相支持不拆台、要互相谅解不指责、要相互关心不冷漠。干群关系中干部是起主导作用的。管理者"其身正，不令而行；其身不中，虽令不从"。管理者能够用思想凝聚人心，用机制激发活力，让每个人感到自己重要，用人之长，变藏龙卧虎为龙腾虎跃。管理者应该是教学能

手、学科带头人、师德标兵,并且能够身先士卒,变"给我冲"为"跟我上"。

晓望小学多年来践行生态管理,实施以教师的价值实现为最高管理目的、以激励为主要管理手段的管理模式,通过愿景激励、情感激励、发展激励、反馈激励、活动激励等途径,使每位教职工都突显出个人价值并获得工作成就感,在工作中不断实现自我超越。晓望小学为教师的专业化发展搭建了平台,使教师在课题研究和课堂教学改革中获得专业发展的成就感,通过校本培训提高水平,帮助教师做学生喜爱、家长尊重的人,提高幸福指数。充分发挥教职工代表大会的作用,事关教职工切身利益的评优、晋级、绩效工资等工作都广泛征求教职工的意见,让教职工有发言权,在教职工中开展"教育教学金点子"征集活动等。开展丰富多彩的教师工会活动,每年的教职工运动会、登山比赛、文艺汇演等丰富了教师的生活,增强了集体的凝聚力。

三、生生关系

对于小学生来说,他们之间的关系是纯真的,更多的是一种伙伴关系。一是学伴,不论是课堂还是课下,他们一起讨论、一起合作,有不明白的问题,互相帮助。二是玩伴,他们一起游戏,一起运动,一起参与实践活动,一起在天真幼稚中成长。当然同伴之间有时也会是竞争关系,你追我赶,比学帮超,学习榜样,超越目标。

从生态的角度,以下几种现象应该特别引起教师的注意。

(一)学生离群现象

有的学生内向胆小,不善于与同学交往;有的学生孤高自傲,看不起他人。教师的作用,是引领这些学生融入集体,通过开展活动创造机会,通过肯定鼓励性评价引导树立自信心,引导学生正确地与同学相处,自尊自信赢得他人的尊重。

(二)高年级学生欺负低年级学生现象

虽然这种现象不是共性问题,但是一旦存在,很容易传染,一届学生影响下一届学生。晓望小学应该开展专题教育活动,引导学生帮助比自己弱小者,自觉担负起大哥哥、大姐姐的责任,为小弟弟、小妹妹们起到示范作用。

(三) 学生中的告状现象

小学生爱告状是一种比较普遍的现象。应当鼓励学生敢于负责,但不应当鼓励告状。学生之间的问题让他们试着自己解决。小学生还好,不记仇,更在乎老师的评价,但如果中学生爱告状,他们往往成为不受同学欢迎的人。

(四) 妒忌现象

特别要强的学生,容易产生嫉妒心理,如果不加以正确引导,将来可能影响人际关系。要教育学生正确认识竞争,克服妒忌心理,让学生在竞争中共同进步,树立赶超的目标,培养学生宽广的胸襟。

以上现象虽然不是普遍现象,但或多或少地存在。教师应关注到这些,及时进行正确的教育引导,帮助学生建立和谐融洽的同伴关系,可以消除许多成长中的不必要的烦恼,让学生有一个更快乐的童年。

四、师师关系

教师同事关系是学校生态系统中很重要的关系,同事教学水平和教学努力程度(责任心)是主要的影响因子,教师之间是彼此促进还是彼此干扰,是正能量还是负能量,在很大程度上影响着一所学校的文化和办学水平。教师的专业发展途径有很多,读书自学、不断反思、专家引领、课题研究等都是成长的途径,其中,同伴互助是教师专业化发展最经常、最可行,也是最有效的方式,如教研组、备课组制度,可以让研究随时进行;而师徒结对制度,可以实现在传帮带中共同成长。

影响同事关系的原因有很多,有传统认识中的文人相轻,有因为学校领导班子不团结造成的人际关系复杂,还有不正确的教师评价方式。以教师评价方式为例,以下两方面的现象应该引起重视。

(一) 对教师工作过分量化

近些年来教育借鉴企业的管理理念、管理模式比较多,也产生了一定的积极影响。但是学校不是工厂,教育不是生产产品,而是培育人。复制企业精细化管理、量化评价在一定程度上破坏了教育生态。工厂企业完全可以量化,实行计件制。教师工作从一定意义上说是"良心活"。同样备一节课,有的教师用三十分钟,有的用两个小时,而最终评价时都是备了一课时的课。对学生的关爱、对学生心理的研究、与学生的相处时间、教师的责任心等,这些是无法量化的,甚至不同学科、不同岗位上的工作也无法制定一个统一的评价标准。如何实行定性与定量相结合的评价方式,如何通过评价激发每一位教职工的积极性,是每一所学校管理者的重要课题。

(二) 不恰当的绩效工资制度

实行绩效工资,体现"多劳多得,优质厚酬",这是学校奖惩制度的重要组成部分,也是教育体制改革的重要内容。但是国家、地区往往只有指导性的意见,没有统一出台具体的发放条件、标准等。受传统大锅饭体制的影响,单独由学校制定绩效工资制度,会导致校际不平衡,极易产生矛盾,僵化人际关系。一个校园生态系统的正常运转需要每个组成因素各自发挥自己的作用,就像一台机器,一个螺丝钉看起来不是主要部件,但是一旦缺了或坏了也会造成大影响。绩效工资实施不当,会造成工作与金钱挂钩,这与教师的工作性质是相悖的,容易形成斤斤计较的文化,对学校整个生态系统具有破坏力。只有地区的教育主管部门在广泛征求广大教职工意见的基础上制定科学具体的实施方案和发放标准,才会真正发挥绩效工资制度的正能量,否则很可能适得其反。

总之,打造以上四种健康人际关系是学校内部生态管理的目标,在此基础上,还要向校外延伸,努力构建学校与社区、学校与家庭、学校与上级教育主管部门的和谐关系,为学生成长、教师发展创造良好的生态环境。

附:

由看护晚自习事件想到以人为本的管理

晓望小学是区域内唯一一所公办寄宿制小学,对住校生的管理涉及学生安全、健康、学习等各方面,一直是学校的重点工作。上学期,为了进一步提高住校生的学习质量,根据住校生家长的要求,学校决定为住校学生设置一节晚自习。为此学校专门召开了校长办公会、校委会进行研究,大家都觉得这件事对住校学生很有帮助,是对学生负责,就决定实施。这项工作由分管教学的副校长和副教导主任负责。她们从有利于学生学习的角度排出了教师安排表,五、六年级的十位班主任和任课教师轮流给学生上晚自习。为了提高晚自习的质量,还召开了语文、数学、英语三科教研组长会议,专题研究晚自习的内容和组织方式。

　　然而在召开负责上晚自习的十位教师的专题会议进行布置时,意想不到的事情发生了。从教导处副主任开始读晚自习规定开始,教师们就开始议论纷纷,对于晚上负责晚自习这件事发表不同意见。会后教师们很快向学校递交了书面反对材料,从教师自身的安全问题、家庭问题、交通问题、教师的权利等方面提出了意见,不同意学校把晚自习任务强压给他们。

　　事情发生后,学校相关领导都很诧异,因为晓望小学的教师向来爱岗敬业、团结向上,还从来没有出现过不服从学校工作安排的现象。于是我和几位干部认真地进行反思。这件事情之所以发生,一是学校领导之前对上晚自习这件事的必要性、意义说得不够透彻,教师思想没有统一,而且工作安排得比较突然,教师们没有思想准备;二是部分教师的确有实际困难,有的孩子还小,有的孩子的学业正处于关键期,还有的女老师不会开车,等等。而在安排这项工作时,学校领导只考虑了如何为学生负责、如何推进这项工作,没有充分考虑到教师的实际困难,也没有征求教师们的意见,因此遭到了教师们的集体反对。

　　事已至此,看护晚自习工作还要照常推进,如何打破僵局呢?我和分管干部静下心来反复研究,终于找到了解决的办法:结合上级推进的"青青义教"志愿者工作,向全体教师发出倡议,让教师们以志愿者的方式自愿报名参加看护晚自习。与此同时,我分别找一开始安排的那十位教师谈话,对开设晚自习的意义、必要性作了分析,也为没有事先征求大家的意见道了歉。教师们开诚布公谈出了自己的想法:不是要反对学校工作,就是感觉事情太突然,感觉突然增加了工作量接受不了,但为了学生的成长还是愿意付出的。最后,原本不同意看护晚自习的大部分教师也以志愿者的身份报名了,共有二十位教师参与,每位教师看护晚自习的周期也长了,既保证了晚自习的正常开设,又减轻了教师们的负担。

　　事情虽然过去了,却引起我的深思。以人为本、民主管理不能只停留在纸面上、口头上,要真正落实到具体工作中。学校管理者不能一厢情愿地认为什么是应该的,什么是不应该的,因为管理者和教师思考问题的角度是不同的,所关注的焦点更是不同。管理者需经常进行换位思考,开展工作时注重沟通交流,充分调研,广泛征求意见,这样才能做出既有利于工作,又能为教职工广泛接受的正确决策,才能凝聚团体的力量攻坚克难,保证学校又好又快地发展。

第三节 变革管理

——走向生命自觉

教师是学校最重要的人力资源,建设一支师德高尚、业务精湛、具有扬长教育理念的教师队伍是构建校园新生态的基础。学校管理需要把扬长理念运用到教师队伍建设和日常管理中,加强校本研训,搭建主动发展舞台,营造有利于激发干部教师生命自觉的管理新生态,激发每一位教职工的生命自觉,增强教师团队内生力。

崂山区石老人小学是华东师范大学"新基础教育"全国合作校之一。"新基础教育"主张"教天地人事,育生命自觉",关于学校管理变革的理念特别先进。"新基础教育"学校管理转型的核心任务是:形成具有扁平化特征的新型管理结构;建立层次与系统之间积极、双向、有效互动的创生式运行机制;扩展每一位学校领导、教师实现发展和展现智慧才能的空间。管理价值观是"在成事中成人""用成人促成事"。管理不能满足于做成事,更要关注成事过程中人是否发生了更新性变化,只有实现领导干部、教师自身发展才能转化为推进变革的关键力量。

一、持续变革学校管理,提升团队领导力

石老人小学校长、领导班子持续学习"新基础教育"理论,学习"生命•实践"教育学最新成果,并主动转化、提升、创新,提高变革意识、转型意识和系统思考、整合融通的能力。坚定对"新基础教育"的价值自觉、实践自觉,通过"教天地人事,育生命自觉",创全面育人新生活,促进学生主动、健康、全面发展,推动教师专业化发展。

践行人本管理,打造和谐的干群关系。新学年开学初,石老人小学向全体教师发放工作意向书,了解教师自己的意愿,在充分尊重教师选择的基础上安排新学期的工作。坚持反馈激励,实行领导干部值日与值周相结合的制度,以写实的方式记录教师的优秀事例,在周例会上反馈。每学期召开教育教学工作

表彰会议,表现突出的教师面向全体教职工介绍经验、事迹。积极发挥教职工代表大会参与、决定学校重大事情的作用,在岗位聘任、绩效工资分配方案的制定实施、评优晋职等工作中,收集、听取、研究教职工的意见和建议,召开教职工代表大会,集思广益,使各项工作公开、公正、公平。

二、管理重心持续下移,整体提高团队能力

坚持管理重心、教研重心、教学重心下移,推行"三委四部六室"的扁平化管理机构变革。("三委"即低、中、高三个年级管理委员会,"四部"即课程教研部、学生发展部、教师发展部和后勤保障部,"六室"即语文、数学、英语、科学、音体美和综合六个教研室)。

秉承"赢在中层,成在基层"的管理理念,提高中层干部的策划力、执行力、合作力。要求中层干部请示工作说方案,布置工作说标准,落实工作重检查,组织活动全程参与策划、布置、推进、总结、宣传等各环节。

进一步明确"生命•实践"教育各领域负责人的职责。发挥学生管理、党建、后勤、档案、安全、卫生六大管理员的作用。明确学生工作领域和各学科教学的负责人,同时实行教研组长负责制。

三、推行项目式管理,实现人尽其才

将学校重点推进的单项工作确定为阶段重点项目,通过招标的形式确定项目负责人,签订项目责任书,组建项目团队,自主策划、自主管理和自主评价,各分管部门之间相互协调与合作,深度推进各项育人工作的开展。开展品牌项目评选,引领项目负责人出精品、出成果。阶段重点项目根据学校年度计划确定。

梳理明确学校今后发展十大项目。2019年的项目包括学校文化品牌塑造、品牌教师和青年教师发展、类型化教学挖掘学科育人价值、学校课程体系构建与实施、"十个一"项目发展学生兴趣特长、班队会和四季活动、党建引领新时代文明实践、平安校园建设、读书工程、家长素质提升工程等。2020年的重点项目包括普及花样跳绳、开发故事课程、足球运动的普及与提高、中华传统经典吟诵、班本课程实施、开发科学实验课程、培育党建品牌、薄弱学科跟踪提高、提高课后服务质量等。

项目管理让更多教师的优势、潜力得到发挥,于是出现了这样一番景象:数学教师指导学生获得国际科学剧大赛冠军,信息技术教师指导学生在全国七巧科技比赛中获奖,体育教师指导学生获得山东省航模比赛一等奖,美术教师指导的舞蹈获得青岛市一等奖。项目管理实现了学校教师由藏龙卧虎到龙腾虎跃的转变。

四、实行精细化管理,做到人人有事做,事事有人管

牢固树立全面、全员、全程质量管理意识,使每一项工作分工具体,每一项职责明确,每一项工作精心,每一个过程精细,每一项工作都创精品。完善学校章程和规章制度,从党建、教师管理、教学管理、学生管理、后勤管理、安全管理等方面健全管理制度,并层层分解责任抓好落实。以安全精细化管理为例,推行安全网格化管理:一是安全工作内容的网格化,将安全管理分解为校舍安全、交通安全、消防安全等二十一项内容,每项安全工作有分管领导、责任中层、责任教师不定期进行督导检查;二是空间的网格化,将校园及建筑划分为五十个区域,明确每个区域的安全责任分管领导和责任教师,构建了横向到边、纵向到底的安全责任体系。

五、以精准培训、增值评价营造有利于教师专业发展的管理生态

遵循“读书反思、同伴互助、骨干先行、课题引领”的教师发展思路,坚持“重课堂、重质量、重育人”的教师发展导向。深入实施铸魂工程、读书工程、青蓝工程、名师工程。创新研究机制,唤醒教师研究自觉。

实行菜单式精准培训。教师参与选择个性化培训的课题、培训专家。针对教师们感兴趣的信息技术赋能教育教学专题,石老人小学成立了以校长为组长的信息技术 2.0 领导小组,制定了教师信息技术应用能力提升工程 2.0 校本研修方案和云平台推进实施方案,将信息化建设工作纳入常规管理考核,先后聘请专家培训如何进行线上授课、如何制作微课、如何运用海大云平台提高课堂教学实效性等专题。持续举行教师“卓越论坛”,让更多的教师走上讲坛,分享自己的教育教学智慧,促进教师自我反思、自我成长。运用大数据分析、记录教师教学业绩,将提升幅度作为评价的重要依据。组织年度教师、月度教师评选,让教师不断获得成就感、价值感和职业幸福感。

第四节 夯实常规管理，向管理要质量

学校常规管理是全面贯彻国家教育方针、全面提高教育教学质量的重要保障。常规管理追求人本化、规范化、精细化，重在落实。

一、努力建设现代学校制度

把握现代学校制度依法办学、自主管理、民主监督、社会参与的主要内涵，以开放、民主、包容为关键词，从科学决策、民主管理、监督保障等方面完善学校章程，实施人本管理、科学管理，重点发挥校务委员会、家长委员会、教职工代表大会、教师学术委员会参与决策、管理、监督的作用。严格落实学校管理章程，在安全教育、固定资产管理、教学质量等方面实行问责制。实行党务、校务、财务公开制度。实行领导干部值日制度，中层以上干部分工负责，深入课堂，深入校园，不断提高工作执行力和创造性开展工作的能力，提高管理实效。尝试项目管理制度。定期召开校长办公会、党支部会议、校委会，所有重大决策集体研究决定。定期召开教职工代表大会，涉及教职工切身利益的职称评审、绩效工资发放等重要工作都要召开会议决定。定期召开家长委员会会议，引导学生家长参与过程管理，进行民主监督。

二、坚持公平公正、业绩导向，建立健全干部教师评价制度

一切工作以提高教育教学质量为中心，一切工作服务于提高教育教学质量。明确抓教学质量是一把手工程，健全领导干部业绩考核制度，实行领导干部包级、蹲组制度，干部对分管的级部、学科负全责，同时领导干部必须做提高教学质量的带头人，任教学科成绩要不低于或高于同级部教师。

健全以教学质量为导向的教师评价制度。修订健全姜哥庄小学教师评优制度、年度考核制度、绩效工资发放制度、教师职称评审制度等，突出教学成绩所占的比重。教师教学成绩连续两年明显低于同级部教师或全区平均分，当年

年度考核成绩不得确定为优秀等级,不得推荐参加各级优秀教师评选。

三、夯实教学常规,创新管理举措,向教学常规管理要质量

落实"双减"要求,严格落实五项管理规定,创新教学常规管理举措,确保减负、提质、增效。

(一) 优化备课方式,提高教学设计水平

姜哥庄小学以"基于理解的教学设计"为指导,改革备课模板,探索逆向教学设计,从学习预期结果思考评估方案,以大概念和重要的表现形式任务为核心,关注学习本质,追求深度理解。实行手写备课与电脑备课相结合的方式,毕业三年内的教师每学期至少手写十个详细教案;增加练习课备课,梳理教学重点,精心设计练习题,实现"教学评"一体化。加强集体备课,一备教材知识点、重难点,研究教什么,吃透教材;二备教法、学法,研究如何教,提高效率;三备练习题设计,研究练什么,及时巩固。数学学科推行"链式备课法",即教师在个人备课及集备时,对新授知识进行前延后续,链接前册相关知识进行复习巩固以实现知识的迁移转化,链接后册相关知识明确知识点在知识体系中的地位和作用,以此增进教师、学生对知识的理解和对知识体系的把握。

(二) 优化教学方式,打造高效课堂

把课堂教学作为大面积提升教学质量的主阵地,深入实践"六学三导"生态课堂教学模式。把课堂教学作为提升教学质量的主阵地,探讨"生态·高效"课堂教学,"把时间还给学生,把方法教给学生",注重发展学生思维,注重提高学生理解、运用知识的能力,注重发展学生学科素养。举行"生态·高效"精彩课堂展示课,教师全员参与上课、听课、评课。举行精彩课堂汇报课。组织教师课堂教学誓言征集活动,引领教师形成清晰明确的教学理念。

(三) 优化作业设计,减轻学生课业负担

立足双减政策,借助云平台进行作业布置研究。要布置分层作业、探究性作业。重视作业的批改和纠错,做到四个必须:有发必收、有练必批、有批必评、有错必纠。对作业中存在的问题,要及时反馈。共性错误集体讲评,个性错误个别辅导,提倡教师面批。学生要建立错题本,建立错题档案。建立优秀作业展评和表彰机制。改革作业评价方式,如语文作文评价实行标准前置、学生自

评与教师评价相结合的方式。规范作业量,提倡家庭作业全批全改、面批面改,减轻学生过重课业负担。分层次布置个性化作业,双休日布置读书作业、实践性作业。

(四) 实施托底培优,让不同层次的学生得到发展提升

对学生学业成绩进行精准分析,实施托底培优策略,课堂教学面向全体,关注学优生和学困生。通过质量分析明确学优生、学困生、边缘生转化名单,精准辅导。实行小先生制,大范围成立两人学习小组,充分发挥小老师的帮扶作用。充分利用课后服务时间,对学生进行个性化辅导,实施分层辅导。

(五) 实行学业成绩发展性评价

每学期期中、期末运用大数据进行全面质量分析,确定质量提升目标、学生转化目标。举行数学口算、英语单词和阅读、语文现场作文等学科单项竞赛活动,激发学生学习热情。每学期期中、期末对成绩优异的学生、进步明显的学生进行表彰奖励,让更多的学生获得成功的体验,树立学习自信心。

四、加强后勤管理,为提高教育质量提供保障和服务

严格执行财务管理制度、纪律,增加后勤管理力量,提高财务管理、工资管理的专业化水平,严格专项资金管理与使用等。

健全理财小组、工程验收小组等组织,进一步规范校园维修工程、设施设备采购等,吃透上级文件精神,明确工作流程,提高工作效率。

规范办公用品采购程序,从采购申请、领导签字、定点采购、入库验收、出库签字等方面加强过程管理。

开源节流,勤俭节约,严格执行财务预算制度,控制维修、培训等支出。

五、变革学生发展工作,坚持学生立场,培养学生自育力

姜哥庄小学突出学生发展中心、少先队作为职能部门的作用,设立学生管理员,成立学生自主管理委员会。发展与提升学生在各类学校活动中的主动性、自主性和自我教育的意识与能力。培养学生的主人翁意识——争做课堂的主人、班级的主人、校园的主人、生活的主人。

班级小岗位、校园大岗位促进学生自主发展、自我管理。每个班级设置具

有班级特色的管理岗位,让学生人人有事做,事事有人管。在校园内成立学生自治委员会,赋予学生大队委、学生自治委员会更多的责任,培养学生的责任心和自我管理能力。

姜哥庄小学规范学生活动场所,大课间、午餐结束后各班在指定的活动场所有组织地活动,做到有组织、有内容、有器材、有益身心。各级部体育教师、班主任确定本级部的特色活动项目。开展光盘行动,培养学生不挑食、爱惜粮食的习惯。加强学生如厕习惯的培养。上下楼梯、上学和放学路队严格实行排一队、靠右行的制度,杜绝拥挤打闹。加强公物爱护、墙壁爱护等专题教育,培养学生良好的行为习惯。

六、完善校园安全管理机制,创建平安和谐校园

(一)落实《青岛市学校安全管理办法》,加强安全工作领导与组织

牢固树立安全第一、生命重于泰山的理念。成立以校长为主任的学校安全工作委员会、安全领导小组,全体成员本着对学校负责的事业心和责任感,各司其职,责任到人。建立健全各项安全教育、安全管理、安全责任追究等工作制度,健全安全工作预案并定期演练。校园内部实施严格的安全"网格化"监管,构建责任到人、职能到位、全面覆盖的校园安全监管模式。与教师签订安全目标责任书。

(二)加强师生安全教育

以疫情防控、交通安全、饮食卫生安全、防踩踏、防溺水、消防安全等为重点,根据学生的年龄特点和接受能力,开展1530教育,利用晨会、班会、国旗下讲话等渠道,增强学生安全防范意识与自护能力。确保安全教育平台、学安系统的使用率、完成率。

(三)突出疫情防控工作重点

加强领导,高度重视,明确分工,压实责任。修订完善秋季开学工作方案、应急处置预案等,开展防控知识培训和应急演练,提高全体干部教师疫情防控意识和能力。精准摸排师生健康状况,建立健康台账,做到应检尽检。优化常态化防控措施,严格执行封闭式管理、晨午检、通风消毒、因病缺课病因追踪、物资储备等管理规定。开展爱国卫生运动,加强心理健康教育,培养学生良好

的生活习惯。

（四）完善人防、物防、技防措施，重点加强姜哥庄小学消防、防雷、监控等设施的完善升级

定期组织校舍安全检查，一学期不少于两次，特殊天气随时检查，发现险情及时汇报排除。经常检查电器设备和消防设施，发现损坏应及时维修、更换。

（五）加强校园安全的联防联控

建立健全专职保安、护校队、护学岗队伍。加强对安保人员的管理与考核，确保安保人员全面履行好岗位职责。加强与公安、交警部门的联动，充分发挥法制副校长的作用，加强法制教育，提高学生知法、守法、用法的意识与能力。

附：

科学规划，整合资源，拓展学生成长空间

教育总在一定的空间内发生。先进教育理念的落地、多彩校本课程的实施等，都需要在相应的学生成长空间内完成。晓望小学是一所历史底蕴深厚的学校，校舍经过多次改扩建，最后一次扩建距今已有 15 年。随着时代的进步和办学标准的提高，原有的教室、设施等已经不能满足学生发展成长的需要。近两年，晓望小学围绕生态教育核心理念，在规划学校发展空间时坚持学生立场，努力挖掘潜力，整合资源，优化环境，使校园旧貌换新颜。

1. 把锅炉房、煤屋改造成天文台和学生创客中心。学校的取暖方式由锅炉供暖变为空调取暖后，锅炉房和煤屋闲置，破旧的建筑与现代化生态校园很不相称。学校改建了原锅炉房辅房，上面建设了三合一蚌式天文台。把锅炉房和煤屋改造成学生创客中心，有近 200 平方米的使用面积，包括创客体验区、3D 打印区、机器人区、航模区等。

2. 把室外平房仓库改造为 120 平方米的乒乓球馆，铺设专用地胶，购置了6 副乒乓球台、发球机等。

3. 把学生阅览室、图书室打通，建立大阅览区，并在教学楼大厅建立开放式书吧，营造书香校园。

4. 把餐厅内闲置区域建设成面塑教室，传承地方文化，培养学生欣赏美、

表现美、创造美的能力。

5. 设立海洋标本馆、海权教育馆、剪纸教室、茶艺教室等特色教室。

规划、整合后的校园面貌焕然一新,学生成长空间得到拓展,学校文化氛围更加浓厚,育人质量不断提高。

第五节　双线并举,综合融通,共育新人

——崂山区石老人小学以党建促育人工作案例

一、问题分析

在以往的党建工作中,存在党建与育人工作"两张皮"现象,往往就党建抓党建,没有真正发挥党建工作在促进教育教学质量提升方面的作用。学校党建工作坚持问题导向和质量导向,创新党建工作方式,坚持党建工作与师德建设相结合,与服务学生相结合,与提高教学质量相结合,将党建工作重心不断下移,进一步贴近学校的教育教学工作,实现党建、育人双线并举、融通增效。

二、主要做法

树立抓业务必须抓党建、抓党建就是抓业务的指导思想,通过党建提升师德水平,提高全体教职工培养德、智、体、美、劳全面发展的社会主义建设者和接班人的责任感、使命感,进而全面提高育人质量。

(一)党员"青青义教"服务学生

石老人小学有80％以上的学生是外来务工人员子女,他们的家庭生活压力大,父母工作非常忙碌,下午三点半放学后很多家长没有时间及时接学生回家。学生的需要就是教师的任务!在石老人小学党支部的号召下,22名党员、团员自发成立了"青青义教"志愿者团队,每天下午放学后免费开展课后服务工作,组织学生写作业、自主阅读、个别辅导等。当最后一名学生被家长接走时,天已经黑了。课后服务解除了部分学生家长的后顾之忧,为学生提供了优质的个性化服务,使学生和家长深切感受到了党的温暖。

（二）党员"筑梦童年"激扬梦想

每一名学生都有美好的童年梦想。石老人小学党支部适时开展了党员"筑梦童年"志愿服务活动。新学期开学典礼上，每一个学生都填写了自己的梦想卡。每一名党员、团员随机抽取学生们的梦想卡，牵手一名或几名学生，帮助他们完成自己的新学期梦想。"筑梦童年"活动拉近了师生的距离，学生们在实现新学期梦想的过程中感受快乐、收获成长。

（三）党员导师引领发展

立德树人是学校教育的根本任务，是党员教师的神圣职责。教师不仅是学生的"学业导师"，更应该是学生的"人生成长导师"。石老人小学实行党（团）员导师制，每名党（团）员是三五名学生的导师。党员康凯是二年级二班崔阳同学的导师，针对崔阳比较调皮、家庭教育又跟不上的现状，康凯老师经常通过家访、微信、电话、到校约谈等形式和家长沟通，对崔阳从生活、学习各方面跟踪指导，又特意安排他做语文课代表，培养他的责任心。一学期下来，崔阳从原来班级学习成绩中等偏下的学生，成为考试双科都能稳定在 95 分以上的学生，还被选为学校升旗手。

这样的例子不胜枚举，党（团）员导师对学生进行思想引导、学业指导、心理疏导、生活指导，对学生实施亲情化、个性化教育，挖掘和激发学生的发展潜能，解决学生成长中遇到的困惑和问题，引领学生健康成长、全面发展。

（四）党员先锋争先创优

为充分发挥党支部的战斗堡垒作用和党员的先锋模范作用，石老人小学党支部开展了争创党员先锋号活动，开展了党员赛教、党员示范课等系列活动。党员们把课堂教学作为改革创新、服务学生的主阵地，深入挖掘学科的育人价值，努力打造具有"生态·高效"特质的课堂教学，在校内形成了浓厚的教研氛围，带动了全体教师的专业化发展。党员王瑞娃连续三年承担六年级毕业班班主任和语文教学任务，她的示范课教学思路新颖、课堂容量大、节奏明快，注重引导学生通过朗读、体验、探究、演示等教学方法走进文本人物的内心世界，带给听课的语文老师很多启发。

（五）红色文化育人无声

文化如水，育人无声。石老人小学努力培育红色文化，教学楼走廊突出了

"传统文化,民族精神""红色基因,中国精神""科技进步,创新精神"等主题文化,校园内社会主义核心价值观、党的光辉历程以及"仁义礼智信"等中华传统文化匾牌在潜移默化中影响着学生。石老人小学开展了党史进校园、核心价值观进课堂、习近平新时代中国特色社会主义思想进头脑活动,组织了纪念改革开放 40 周年红歌比赛等系列活动,把党的重要思想的宣讲与育人活动紧密结合,把新时代文明实践的思想渗透到校园生活的方方面面,努力实现让每一名学生享有公平而有质量的教育。

三、取得成效

党建与育人工作的双线并举、综合融通,让石老人小学的党建工作更接地气、更得民心,拉近了党员与学生、党员与群众、党员与家长的距离,凝聚了齐抓共管提高质量的教育合力,在校内形成了浓厚的服务师生、提高教育教学质量的氛围。

在今后的工作中,石老人小学党支部将继续坚持党建工作与育人工作紧密结合,进一步健全相关制度,创新党建工作思路和方法,用整合的思维方式统领党建工作全局,提高党建工作的引领作用和服务带动作用,努力办人民满意的教育。

附:

石老人小学党建品牌——"红心向党,爱心导航"

党建品牌标识由党旗、红心、书本状帆船组成。党旗在心形的中央,寓意全体党员红心向党,全面贯彻党的教育方针,努力培养德、智、体、美、劳全面发展的社会主义建设者和接班人,培养能够担当民族复兴大任的时代新人;红色心形同时又是船帆,寓意石老人小学全体干部教师用自己的爱心引导学生们扬帆远航,与"让每一名学生扬起希望的风帆"的办学理念相吻合;书形帆船寓意学生们乘着书的航船在知识的海洋里徜徉,在党的关爱下、在教师的引领下乘风破浪、茁壮成长。

第五章
家校共育生态

第一节　扬长教育理念下的家庭教育认识

　　家庭是教育的开端。家庭教育关系到每一个孩子的健康成长,也关乎国家发展、民族进步。习近平总书记在全国教育大会上指出:"家庭是人生的第一所学校,家长是孩子的第一任老师,要给孩子讲好'人生第一课',帮助扣好人生第一粒扣子。"提升家庭教育水平是全面提高育人水平的重要任务。

一、树立科学的教育理念,提升对教育本质的理解与认识

　　教育的本质是影响,是激励,是唤醒。许慎的《说文解字》释为:"教,上所施下所效也。""育,养子使作善也。""养不教,父之过;教不严,师之惰。"教育的内涵本身就包含家庭教育、学校教育两个方面。学校教育和家庭教育的目标是一致的,终极目标都是培养主动健康全面发展的人,提升每个儿童的生命质量,使之能够拥有幸福人生。培养儿童能够适应终身发展和社会发展需要必备品格和关键能力,是学校和家庭共同的责任。

　　扬长教育理念下的家庭教育,需要明确几组关键词。

(一) 教育是"如他所是",而非"如我所愿"

每个家长都有望子成龙、望女成凤的想法。但人的差异是客观存在的,就像每一位学生家长的学业、职业等都是不同的,而且差异性很大。每个孩子的天赋秉性都不同,家长、教师需要做的是顺应孩子的天性进行引导,"如他所是",尊重孩子,挖掘孩子的潜力,让每一个孩子能够做最好的自己。家长不应该把自己的意愿强加给孩子,如按照自己的想法而非孩子的兴趣强迫孩子发展特长,再比如因为自己当年没有上大学,就想一定要让孩子上大学。有一句话说得比较尖锐:望子成龙的家长自己往往不是龙。人都有自己的上限,最终都会在社会上找到自己的位置,找到自己的角色。三百六十行,行行出状元。教育应该"如他所是"!

(二)"赢得孩子"而非"赢了孩子"

家庭教育也要提倡民主,家长要发自内心的尊重孩子,耐心倾听孩子的心声、意见,而不是采取压制的态度。不民主的家庭造就的孩子很可能是冷淡、自私、武断的。

家长应该努力赢得孩子的信任,彼此间可以无话不谈,这样家长就可以及时了解孩子的心理,给予及时的引导、帮助。当孩子慢慢长大,到了青春期叛逆期的时候,这一点尤为重要。青春期孩子的身体发育基本完成,开始追求独立,但是社会经验、人生经验又不足,往往表现得叛逆。家长表面上赢了孩子,孩子不敢说,不愿说,很容易出现问题。家长赢得孩子的尊重,成为孩子的知心人和榜样,才能赢得孩子的未来。

(三)"扬长"重于"补短"

传统的木桶理论告诉我们:木桶的盛水量取决于最短的那块木板。因此很多家长往往盯着孩子的缺点,使孩子的自信心受到打击。家长往往更重视针对孩子的短板进行弥补,甚至削长补短、削峰填谷,造成家长很辛苦,学生很痛苦。

根据多元智能理论,每个人至少有八种智能,只要发挥自己的优势智能,人人可以成才。现实生活中,运动智能好、音乐智能好、空间智能好的人可以成为奥运冠军或艺术家,人生价值同样得以实现。而且,扬长的价值更多地体现在帮助孩子树立自信心,培养自尊心,激发进取心,然后以优点、长处带动全人发展。家长帮助孩子发现优点，诸如品德方面的、习惯方面的、爱好方面的、学科方面的。

(四) 知识转化为智慧才有价值

知识关乎事物，而智慧关乎人生。知识是看见一粒沙子就是一粒沙子。智慧是从一粒沙子看到蔚蓝的大海。智慧能够让人透过现象看本质，做出正确的选择和判断。

提高孩子迁移、运用知识的能力非常重要，让孩子练习在具体的生活情境中运用所学知识分析问题、解决问题，参与更多的社会实践，经历生活的历程，可以将知识转化为智慧。孩子多读书就可以从书中汲取智慧，了解前人的经验可以少走弯路，借鉴前人的教训可以少犯错误。

要将知识转化为智慧，适当的挫折教育是必需的。所谓"不经一事，不长一智"，经历挫折、失败，才能增长智慧。让孩子适当吃苦，他才有力量抵挡生活中的风雨艰难。父母不能永远跟随、保护孩子。世界上所有的爱都是以聚合为目的的，唯有父母对孩子的爱是以分离为目的，挫折教育是为了让孩子将来离开父母时具备生存的能力，更好地适应社会生活、更好地实现自身价值。

二、坚持正确的教育行为

(一) 营造幸福和谐的家庭氛围，给孩子一个温暖的家，是家长最基本的职责

幸福和谐的家庭氛围是培养孩子健全人格的要求。家长要全身心地爱孩子，关心孩子，给孩子安全感、幸福感。父母长辈的爱，家庭的温暖和谐，对于一个孩子健全人格的形成具有重要意义。无论遇到什么挫折困难，会有一个温馨幸福的港湾让他停靠，会有来自父母的亲情让他慰藉。原生家庭对孩子潜移默化的影响会影响孩子一生。

(二) 拿出更多的时间陪伴孩子、鼓励孩子、教育孩子，是家长的重要任务

家庭教育要努力给孩子一个幸福、充实、有意义的童年。多年以后孩子成人，值得回忆的童年生活是什么？是无休止的作业？是整天奔波于各类辅导班？是电脑游戏？我们希望孩子的回忆中有父母陪伴下的旅行、游玩，有印象深刻的社会活动、游戏活动，有影响深远的书籍、电影，有自己感兴趣的特长得

到发展和培养,有幸福、无忧无虑的家庭生活等。童年的回忆应该是多姿多彩的、美好快乐的。

陶行知认为:"过什么样的生活就受什么样的教育:过健康的生活便受健康的教育,过科学的生活便受科学的教育,过劳动的生活便受劳动的教育,过艺术的生活便受艺术的教育,过社会革命生活就受社会革命教育。"

同样,学生过什么样的家庭生活就受什么样的家庭教育。在幸福和谐的家庭中就受和谐幸福的教育;在孝敬老人、关爱孩子的家庭中就受尊老爱幼的教育;在干净整洁、井然有序的家庭中就受养成好习惯的教育;在书香家庭、学习型家庭中就受爱读书的教育;在民主平等的家庭中就受民主教育。提高孩子的家庭生活品质,让家庭生活潜移默化发挥教育影响功能,是每一位家长都应该努力追求的。

(三)身教重于言教

孩子是家长的一面镜子,是家长的复印件。孩子身上往往有家长的影子。教育孩子从改变自身做起:要求孩子做到的,自己首先努力做到。要求孩子少玩游戏,自己不能机不离手;要求孩子多读书,自己首先要阅读;要求孩子有责任心,家长要做出表率。家长不孝敬父母,便培养不出孝敬父母的孩子。家长要控制自己的情绪,在自律方面成为孩子的榜样。所谓积善之家必有余庆,优良的家风是一个家庭最好的风水。

(四)坚持正面教育,不溺爱孩子,不苛责孩子

不论是学校教育,还是家庭教育,基本的教育原则就是正面教育。教育的本质就是激励、影响。简·尼尔森的《正面教育》中的主要观点是教育要和善而坚定。

家长不能溺爱孩子,因为宠溺后代,祸患无穷。有的家长不想让孩子吃一点苦,有的不想让孩子受一点委屈。但是在由自然人成长为社会人的过程中,这是不可能的。家长应正确看待孩子成长过程中遇到的种种烦恼并加以引导。现代社会中还存在贫困家庭富养孩子的现象,往往造成孩子不体谅父母的艰辛,没有感恩之心。

家长也不应该苛求孩子。学业成绩好的孩子只不过是比别的孩子更会学习,也会遇到形形色色成长中的问题,包括心理问题。不要只做加法,也要学会

做减法。既不能一好遮百丑，也不能求全责备苛求孩子。

（五）理解、支持、配合教师和学校的工作，形成教育合力

没有完美的教师，没有完美的孩子，没有完美的家长，教育就是一群不完美的大人引领一群不完美的孩子追求完美的过程。

家长应该发自内心地尊重教师和学校的工作。学校教育与家庭教育相比，具有明显的优势。一是学科群，高学历的家长很难做到每一门学科都很专业；二是集体教育，家庭教育无法给孩子和很多同龄人集体生活的体验；三是有目的、有计划、有组织的教育，包括课程、活动等。人是社会中的一员，每个儿童都要经历由自然人向社会人的转变，学校、班级就是实现这一转变最重要的生命场。

不要奢望挑选最优秀的教师教自己的孩子。就像学校、教师没有挑选孩子的权利一样。教师也不是完人，家长在孩子面前树立教师的威信，包容教师的非原则性缺点，有助于家长、教师之间同心、同向、同行。有问题应主动沟通，主动交流。培养孩子的规则意识、公平竞争的意识，家长要做出表率，比如家长没有理由挑战座位安排，近视眼不应靠调座位解决，而应该靠配眼镜解决。

家校要互相理解，顺畅沟通。理解他人最好的方法是设身处地、换位思考，以家长教育一两个孩子的难度体谅教师教育几十个学生的难度。理解、尊重教师职业，开诚布公向地老师提出建议、意见，和教师一起促进孩子健康成长、全面发展。

三、终身学习，提高自身修养和教育素养

大部分学生家长没有接受过系统的家庭教育培训，缺乏基本的教育学、心理学知识，往往凭借本能和自己成长的经验教育孩子。面对日新月异的社会发展和竞争激烈的教育现状，每一位家长都要树立和孩子共同学习、共同成长的意识，不断更新家庭教育理念，掌握科学的家庭教育知识和方法。

家长应该成为孩子终身学习的榜样。每个人都是通过学习走到今天的，也必然通过学习走向未来。无论是对家长、教师，还是孩子来说，读书都是最美的姿态。读经典名著，充实自己的心灵；读儿童文学，和孩子交流有更多的共同语言；读古诗词古文名篇，提升自身的文化素养。家长应主动学习教育学、心理学知识，掌握科学的教育理念、教育方法并运用到家庭教育实践中。

第二节　着眼于发展学生核心素养的家庭教育

发展学生核心素养已经成为我国未来教育改革的重中之重,也是家庭教育应该格外关注的重点。人类社会经过农耕时代、工业时代,现早已进入互联网时代,正向人工智能时代迈进。地球已经成为一个地球村,万物互联互通。现在的学生长大后不仅要与国人合作、竞争,还将会面临与外国学生的合作与竞争,只有发展核心素养,才可以在将来的国际竞争中立于不败之地,才能有幸福的生活。未来社会,只有知识,只会考试是无法适应时代要求的。学校教育、家庭教育的目标,一定是培养全面主动健康发展的学生。家长也要增强发展孩子核心素养的意识。

一、重视从人文底蕴、科学精神、学会学习、健康生活、责任担当、实践创新等方面发展孩子的核心素养

人文底蕴、科学精神、学会学习等与知识学习相关的核心素养主要靠学校里的课程培养。家庭教育也应该主动关注,比如科学精神中的"勇于探索"素养培养,家长可以陪伴孩子多参加探索类的实践活动;健康生活中的"珍爱生命""健全人格"素养的培养,要从小做起,贯穿于生活中,家庭教育作用巨大。

审美情趣是一个人重要的核心素养,家庭教育应该高度重视。学校教育普及美育基础知识、基本技能,发展兴趣、培养特长还是要靠家庭教育。审美情趣的培养要尊重孩子的选择,基于孩子的天赋兴趣,而不能从家长的好恶出发。

责任担当与实践创新能力的培养,家庭教育也可以发挥重要作用。让孩子承担家务劳动是培养责任心、提高自理能力的重要途径。哈佛大学专家研究表明,从小做家务的孩子将来生活更幸福、责任感更强、自杀率更低。引导孩子使用扳手、螺丝刀、充气棒等基本的工具动手实践,学习编程等运用信息技术解决实际问题,都可以培养孩子的实践创新能力。家长还要善于倾听,倾听孩子的声音背后蕴含的某种思想或观念的萌芽,并给予肯定,保护孩子的好奇心和求知欲,培养孩子的发散思维。

二、身心健康是第一位的核心素养

人人都知道身体是革命的本钱。对成长中的孩子来说,能力比知识重要,兴趣比成绩重要,身心健康比一切都重要。一个人除了求学时光,还要健康工作三十年、四十年,更要追求健康生活一辈子。

家庭教育同样应该把孩子的健康成长放在首位。除了为孩子提供健康的生活保障外,培养孩子养成体育锻炼的习惯尤为重要。从个人发展角度,曾任北大校长的蔡元培说:"完善人格,首在体育。"教育要"文明其精神,野蛮其体魄"。现代脑科学研究表明,运动可以促进大脑分泌多巴胺,营养大脑,让人变得更聪明。体育运动能够增强孩子体质,磨炼人的意志,培养规则意识和公平竞争意识等。家长要像重视孩子的学科学习一样重视体育运动习惯的培养,因为运动的孩子才健康。家长应有意识地带领孩子经常进行体育锻炼,创造条件让孩子参与球类、游泳、登山等运动,训练提高孩子的力量、柔韧性、敏捷度等,增强孩子的体质。

家长要关注孩子的心理健康。每个人成长中都会遇到心理问题,只不过大部分心理问题都可以自我调适,或者在亲人、朋友、师长的安慰、开导下解决。成绩好的孩子,不要一好百好,一好遮百丑,不应认为他们就应该是天之骄子、栋梁之材,不要忘了他们也只是比较会读书的孩子,他们也会遇到各种各样的苦恼、困惑。相反学习成绩相对差的孩子经常挨批评,分明学不进去还要一节课一节课地忍受,需要多强的忍耐力!相对于成绩好的学生,学困生心理承受能力会更强,耐挫力更强。家长要做最了解孩子的人,了解的前提是尊重孩子,更多地陪伴孩子,与孩子的交流无障碍,这样才能够敏锐地察觉到孩子的问题。家长要学会和孩子讨论感受,要有同理心,多站在孩子的角度考虑问题。

三、终身阅读的习惯是人的核心素养之一

家庭是养成课外阅读习惯最重要的场所。苏霍姆林斯基说:"让孩子变聪明的方法,不是补课,不是增加作业量,而是阅读、阅读、再阅读。"

阅读是增强人文底蕴、提高认知能力的重要途径。优秀的文学文著传达着作者对生命的思考、对历史的反思、对未来的想象。阅读名著,可以帮助学生更好地认识社会、了解历史、认知自我,在阅读中积累知识、培养情感、净化心灵。

读书能够改变命运。宋代王安石说:"穷人因书而富,富人因书而贵。""诗

书传家远,忠厚继世长",书香门第应该是每个家庭的追求。

读书能够改变气质。腹有诗书气自华,读书使人更有内涵,更能够获得他人的尊重。

读书能够培养语感。多读书,语感会在不知不觉中得到发展,读别人的文章更顺畅了,自己写起文章来也更流畅了。爱读书的孩子不一定是成绩好的孩子,但一定是有潜力的孩子。

家庭教育培养孩子终身阅读习惯,应重点关注几个方面:

一是阅读量。语文课程标准中指出,义务教育阶段的学生9年间的阅读总量应在400万字以上,其中,小学时期阅读量标准是145万字以上。家长要协助教师保证孩子完成基本的阅读量。

二是阅读质量。家长要引导孩子读好书,读整本的书。古今中外的经典著作历经时间的选择,对孩子的价值更大。漫画书等浅阅读无法保证阅读质量。

三是培养孩子阅读的习惯。引导孩子有效利用闲暇时间,可以采用"10分钟＋10分钟＋10分钟"的读书策略,用好碎片化时间阅读。

四、关注合作精神的培养

学会合作被许多国家确定为学生的核心素养。因为合作共赢是未来社会的基本法则,团队的力量远远大于个人的力量。独行快,众行远。不懂得团队合作,没有团队精神、合作精神,很难在未来社会取得成功。孩子性格上的差异造成有的内向有的外向,表达方式可能不一样,只要能够融入群体,与伙伴和谐相处、共同游戏学习就可以。如果孩子不能很好地融入群体,家长就要有意识地多引导,多创造机会让孩子融入群体。

第三节　健全家校社协同育人机制,形成稳固的教育生态合力

党的十九届五中全会提出,要健全家庭、学校、社会协同育人机制。2022年1月起实施的《中华人民共和国家庭教育促进法》指出:"家庭教育、学校教育、社会教育紧密结合、协调一致。"在新的校园生态中,家长不只是家庭中的

教育者,也是学习者;不只是学校教育的旁观者,而是主动参与者、监督者、决策者。

一、健全家校协同育人机构,完善工作机制

健全组织机构,成立有家长代表参加的校务委员会、膳食委员会等。成立学校、年级、班级家长委员会,每学期召开家长委员会,研究当前家庭教育、学校教育的动态,制定符合家校实际的措施和方案,收集并反映家长对学校工作的建议和意见。家委会成员轮流驻校,参与听课、陪餐等,对学校日常工作进行监督、评价。成立家长护学岗,紧抓学校安全第一道防线,家长们坚持每天在线、坚守岗位,是家校共育、携手相伴路上最美的风景。姜哥庄小学三年发展规划的制定、食堂供货单位的确定等均通过家委会讨论研究。组织以班级家委会为主导的亲子实践活动,一年级的"静待花开,踏青路上结伴环境保护"、二年级的"最是书香能致远,亲子共读乐无穷"、三年级的"垃圾清理,拥抱碧海蓝天"、四年级的"我是城市小主人,我的家乡我守护"、五年级的"风筝舞蓝天,传统润童心"、六年级的"筑梦蓝天,为梦想而奋斗"等活动,发挥了家长参与班级工作的主动性,密切了家长与孩子的亲子关系。

二、实施智慧家长提升行动,以扬长教育理念引领家长转变育人理念

(一)丰富家长学校课程内容

姜哥庄小学以引导家长树立正确育子观,提升家长科学实施家庭教育能力为主线,从高效沟通到情绪管理,从个人成长到亲子关系,从学习习惯到心理营养等,全面、有效地为家长提供学习课程。姜哥庄小学开展"订单式"家庭教育服务,家长参与选择家长课程课题,根据班级、学生特点有针对性地实施。

(二)打造三个课程团队,推进家庭教育指导的专业化

1. 专家团队

借力专家团队,开展"山海家长大课堂"专家讲座,为家长献上最专业的家庭教育指导。聘请国家级心理咨询师、家庭教育专家进校授课。以"移动课堂"的形式,依托国家、省、市家庭教育资源和崂山区"山海大讲堂",灵活采取线上、线下相结合的方式,切实提高家长学校的授课质量。

2. 教师团队

立足工作一线,成立校内专家资源库,建立级部家庭教育指导教师团队,实现辐射带动。发挥领导干部、班主任、骨干教师和心理教师的作用,通过集体备课、教研,提升家庭教育指导水平。开展"智慧家长"系列课程,班主任教师结合班级家校共育工作中出现的问题,进行专题授课。

3. 家长团队

由家长学校、家委会统一协调,成立姜小家庭教育讲师团,开展公益服务活动,组织教子有方的家长现身说法、传经送宝,进行经验介绍,以同伴互助的形式引领家长不断提高自身家庭教育能力。

(三)开展家长读书活动

确定家长必读、选读书目,引导学生家长自主学习。每月开展一次班级授课或育子经验交流活动,面向家长征集学习感悟、教子心得,加强家长学习互动,互相促进。每学年评选智慧家长、书香家庭等,引领家长与学生共同成长。

三、畅通家校双向互动绿色通道

(一)家访

每学年完成对全体学生家庭的普访,学校领导干部参与,实现学校与家庭的"零距离"对话,更全面地走近每一个家庭、每一位孩子。家访时机的选择非常重要,学校要求教师在学生取得进步时家访强化优点,学生生病时家访送去温暖,学生需要帮助时家访指明方向。在把关心关爱送到家的同时,征求家长的意见和建议,了解学生家中的表现。

(二)家长开放日

每学年组织两次家长开放活动,让家长走进校园、走进课堂,了解孩子校园学习生活状态。孩子在家庭中的表现和在学校的表现往往不同。近距离观察孩子在课堂、校园中的表现,有利于家长全面了解自己的孩子。

(三)家长微信群、公众号等数字化交流平台

定期发布校园动态,宣传、展示学校办学成果。涉及安全教育,及时发放致家长一封信;涉及收费、时间安排等事项,统一向家长发放明白纸,实现随时随地的沟通、交流、共享。

（四）校长述职

每学期期末校长向全体学生家长述职，汇报学校发展、学生成长情况，向家长发放满意度调查问卷和意见建议征集问卷。家长是学校的服务对象，是最重要的"用户"。以校长述职的方式，讲述学校的育人理念，展示办学成绩，提出家校共育倡议，可以有效地拉近家校距离，增进家校互信，形成育人共识。

四、关注特殊家庭、特殊儿童，给予他们更多的关爱

特殊家庭儿童是学校育人工作关注的重点。主要将下列类型的家庭作为家访、关爱的重点。

（一）外来务工子女

部分家长因生计无暇顾及教育子女，需要班主任和任课教师更多地主动联系，帮助家长提高认识。

（二）单亲家庭子女

教师与家长交往时要尊重对方、理解对方，指导家长怎样科学、阳光培养孩子。

（三）家庭经济困难的学生

姜哥庄小学教师更多地关心学生的生活，给予适当帮助，引导学生自立自强、拼搏向上。

（四）学习有障碍的学生

需要任课教师因材施教，耐心辅导，帮助学生树立学习的信心。

姜哥庄小学每年春节前都会看望家庭条件相对贫困但努力学习的学生，校长、班主任给学生送去购书卡等新年礼物；认真落实对建档立卡学生的相关政策；对于单亲、留守儿童在生活、安全教育、学习辅导等方面给予特别关爱。2022年上半年，一名外来务工家庭学生家中失火，全校师生捐款捐物两万余元，帮助该生家庭渡过难关。

家长是教师最忠实的同盟军，家校志同道合才有利于学生发展。家校教育合力的形成需要用制度规范、用内容吸引，需要长期的探索实践，才能构建家校协同育人机制。

第四节　化危为机,在疫情防控常态化背景下提高育人质量

百年不遇的新冠疫情对世界格局、经济社会发展造成了巨大冲击,教育也被卷入其中。目前,随着我国疫情防控形势趋于稳定,教育战线进入常态化防控状态。如何在此背景下提高育人质量,是每一所学校、每一位校长面临的挑战。

一、直面危机,树立科学的育人理念

因为走得太远,往往忘记了为什么出发。疫情危机促使我们回到教育的原点反思日常教育行为。

这场疫情告诉我们,促进学生健康成长是教育的出发点和落脚点。生命安全和健康是第一位的,在重大公共安全危机面前,学校需要严格落实疫情防控责任,通过健全制度、精准摸排、定岗定责、应急演练、群防群控等有力措施确保师生生命安全。为学生提供安全的学习生活环境,确保学生健康成长,是学校的基本职责。

疫情也告诉我们,教育的最大使命不是传授知识,而是发展学生的核心素养以应对未来的不确定性。我们相信未来是美好的,但未来也充满了不确定性。学生需要从小学会自主学习,学会运用所学知识解决具体问题,逐渐形成具备应对各种未知的挫折、挑战的必备品格和关键能力,而这些正是学校教育努力的方向。

疫情还告诉我们,必须加强生命教育,引导学生树立生命高于一切、关爱生命的价值观,培养学生乐观向上的生命态度,同时尊重生命,平等对待生命,学会与大自然中的生命和谐相处。学校教育还需要反思,如何让学生在学校的生命样态更精彩、人生更幸福,首先,要减轻学生过重的课业负担,保证学生充足的锻炼时间、睡眠时间,全面实施素质教育,以丰富多彩的课程和活动让每一个学生都能得到最优发展。

二、挖掘和转化疫情防控过程中的育人价值，提高德育实效性

在人类历史上，每一次痛苦和灾难都会使人改变，使人坚强。同样，今天的疫情里，也有未来的疫苗，学校德育工作以此为切入点，能够让每一名学生都可以从这场百年不遇的疫情中汲取人生智慧。

增强一份情感——爱党爱国。疫情防控过程是对学生进行爱党爱国、理想信念教育的最好教材。习近平总书记多次强调"把人民群众生命安全和身体健康放在第一位"，带领全党、全军、全国人民团结奋战，让世界各国人民真正了解了什么是中国精神、中国力量、中国速度和中国责任。在危机面前，无数共产党员冲锋在前，奋战在抗"疫"最前线，发挥了共产党员的先锋模范作用。在危机面前，社会主义制度的优越性得到充分体现，"一方有难，八方支援"，一批批医务工作者、志愿者驰援武汉，全国各地的防控物资、蔬菜水果等源源不断地运往武汉，"武汉加油，中国加油"的声音四处传递。在危机面前，全国人民万众一心、众志成城、顾全大局、联防联控，中国人民独有的凝聚力、执行力和纪律性让世界卫生组织的官员发出由衷赞叹。

培养一种美德——感恩之心。学校教育应该通过疫情防控中一个个感人的案例让学生深刻的体悟到：我们的生命健康，我们所享受的一切物质财富、精神财富，都是建立在他人辛勤劳动的基础上。医务工作者牺牲了与亲人团聚的时间，冒着被感染的危险奋战在一线；无数志愿者、国家公职人员参与疫情防控，他们在凛冽的寒风中、漫天的飞雪中坚守岗位；学校的老师每天通过直播课堂帮助学生学习，一句句叮咛安慰、一次次答疑解惑，都是为了帮助学生度过这段特殊的时光。还有列车乘务员、快递小哥、环保工人，无数平凡人用自己的辛勤劳动为我们的生活提供了及时的服务和保障。这是对学生进行感恩教育、责任教育的最有效教材！这样的教材可以引导学生常怀感恩之心，好好学习科学文化知识，增强社会责任感，增强奉献社会、回馈社会的本领，长大后更好地实现自己的人生价值。

养成一个习惯——健康生活习惯。疫情的暴发，让我们更加珍视健康。"饭前便后要洗手""不要随地吐痰"，平日里这些家长的叮咛、老师的教导学生可能没放在心上，但这场疫情会告诉他们，基本的卫生习惯是多么重要！学校教育还要强化健康饮食习惯养成，不能暴饮暴食，不能挑食偏食。还要抵制、根除

食用野生动物的陋习,不论是从保护野生动物的角度,还是从减少人类未知危险的角度,都要这样做。要加强体育锻炼,每天锻炼一小时,增强体质。钟南山院士给预防呼吸道传染病提出的建议,就是加强锻炼,提高自身免疫力。

三、推进"互联网＋教育"的深度实施,实现教与学方式的变革

疫情发生前,教育信息化、直播课堂对很多教师来说还在云里雾里。但疫情的暴发,让"互联网＋教育"真正成为现实,疫情危机变成了推进信息技术与教育教学方式深度融合的机遇。学生居家学习期间,"在线教育"、直播课堂已经成为新常态,视频会议也成为管理新样态,互联网技术、教育信息化发挥了无可替代的作用。当学习环境从教室转移到家里,当课堂学习变成了在线学习,学生会更深刻地体会到,网络、手机不仅能用于娱乐,更可以用来查阅资料、听教师授课。

人类已经进入互联网时代,网络资源无所不有,线上线下的混合式学习、随时随地的泛在化学习将成为未来终身学习的重要方式。每一所学校都应该巩固信息技术在教育教学中的应用,提高全体干部教师运用信息技术变革管理、教学方式的能力,推进线下教育与线上教育的融合互补,探索翻转课堂与传统课堂的融通。同时,致力于培养学生利用互联网自主学习的意识和能力,让网络学习为学生打开另一扇学习知识、认识世界、提高能力的窗户。

四、面向全体,关注个体,形成合力,不让一个学生掉队

超长假期中的居家学习,让家庭教育问题、家庭教育水平差距被无限放大。这次父母与上学的孩子最长久的陪伴,让家长体会到教育的不易,很多家长感叹"再不开学就要疯了"。一个学期下来,单纯从学业成绩看,家庭教育水平低、监护人监管责任不到位等导致的学生成绩两极分化现象加重,不及格的学生增加了,原来不及格的更差了。这就要求学校、教师坚持"一个都不能少"的原则,关注差异,更加关注特殊群体学生,给予单亲、贫困、留守儿童等群体更多的关爱,同时实施分层次教学和多元评价,因材施教。疫情期间,当发现个别学生网课不签到、作业不上交等现象时,石老人小学组织了百余人次的家访,石老人小学领导干部分工带队,走进社区,走进学生家中,小小的礼物、亲切的问候、耐心的引导感动着学生和家长,将一个个游离于学习之外的学生重新拉

回书桌前。正式开学后,任课教师对这些学生进行了有针对性的补课。学生居家学习期间,每月至少一次班级视频家长会议,有提醒,有培训,引领家长科学防疫、科学育子,形成家校教育合力。

五、丰富形式,拓宽渠道,全面实施素质教育

石老人小学把延迟开学、居家学习作为培养学生自主学习能力的重要时段。因为真正的教育是自我教育,真正的学习是自主学习。教师有意识地培养学生从小学习、适应这种自主方式。另外,居家学习更是阅读课外书的黄金时间,石老人小学提出"居家学习日,阅读正当时",每个班级至少共读两至三本书,有的读得更多。大部分学生坚持每日一读、每日一背、每日一练,完成了一篇篇习作、读书笔记和一张张手抄报。石老人小学要求每个班级每周展示学生居家锻炼、劳动、艺术练习等方面的成果,使居家学习生活充实而有趣。所有这些居家学习、生活的体验,都会为今后提高学生自主学习能力和生活自理能力打下基础。

疫情常态化防控期间,石老人小学以班级为单位,精选班本课程内容,精心组织班队会活动,合理安排体育锻炼活动和艺术实践活动,坚持分层次教学和布置作业,减轻学生过重的课业负担,关注学生的心理健康,为学生提供适合、适时、适量的教育,努力让每一名学生扬起希望的风帆。

第六章
智慧教育生态

2019 年 6 月,中共中央、国务院《关于深化教育教学改革全面提高义务教育质量的意见》中,明确提出"教育＋互联网",改变了过去多年来"互联网＋教育"的表述方式,进一步明确了教育是主体、互联网为教育服务的定位。信息技术打破了师生对知识信息掌握的不对称,带来了教育生态新变化。线上线下相结合的混合式教与学是未来教学的重要方式之一。促进信息技术与教育教学的深度融合,是教育信息化 2.0 时代的重中之重。基于信息化手段构建以学习者为中心的智慧教育新生态,发展学生的信息素养,是每一所学校面临的共同课题。

一、设计架构"教育＋互联网梦工厂"

姜哥庄小学乘着新校区规划启用的东风,进一步推进学校教育信息化建设与应用,实现教育信息数字化、教学手段现代化和教育管理智能化,研究以学习者为中心的设计布局,规划数字原住民的空间环境;打造智慧化校园工作、学习生活一体化环境,以各种应用服务系统为载体,将教学、科研、管理校园生活充分融合,构建安全、智能、稳定、环保、节能的现代智慧校园;完善基础硬件设施,构建智慧办公平台、智慧教学平台,建设智慧平安校园、智慧绿色校园,提供智慧生活服务、智能运维服务等,为广大师生打造智慧化校园学习和生活环境,打造"教育＋互联网"生长"梦工厂";探索应用人工智能、大数据推动教育、教学、教研、管理、评价等领域的创新发展。姜哥庄小学目前设置了创客教室,智慧创客系统将教室建设为支持教学互动、创意交流、问题发现、小组探讨、动手实践、工具使用及作品展示分享的创客空间。

二、依托信息技术设备、平台推进课改

(一) 班班通

班班通设备集合交互式电子白板技术,普适性强,面向全体学科,大大提升了课堂教学效率,能有效地实现各学科课堂教学中的师生互动、生生互动和人机互动,丰富了教与学的形式。学科资源整合高效、操控灵活、生成性强,有利于激发学生的主动参与,更有效地让学生体会到学习的愉快,为信息技术跨学科融合提供了基础保障。

(二) 同步课堂

姜哥庄小学同步课堂利用先进的网络通信技术,集录播、点播、直播为一体,全地域(远程异地)实时互通,全方位(音频、视频、板书)实时同步,全角色(师师、师生、生生)实时互动,提供了实现远程异地共享优秀师资、缩小教育教学资源不均、促进教育公平的远程互动教学解决方案。

(三) 云平台

姜哥庄小学目前正在使用的"海大云平台",除了运用平台上丰富的教学资源进行备课之外,在课堂上,教师可以运用平台的实时统计分析功能,动态、全面、精准地分析每一个学生的学习结果并进行及时反馈,并对共性问题进行有针对性的指导和训练,提高了教学效率。运用拍照上传功能,以学生学习过程中有代表性的答案、过程为资源,进行典型性指导,改变了教师只按照教案中的预设进行授课的方式,提升学生思维品质。

部分教师还围绕网络学习空间及青岛教育 e 平台优质数字资源开展教学活动,提高学生的学习主动性,增强教学内容的丰富性,实现教学模块个性化等。

三、信息技术课程提升学生信息素养

人类社会已经进入信息时代,互联网技术已如空气般浸润到社会生活的方方面面,所谓"未来已来",我们或许跟不上大时代的脚步,但学生要想生活在未来,而"未来教育"就在现在。教育的重要功能是提高学生适应未来社会的本领,课程的重构、学习环境、学习技术、学习方法的创新,都离不开信息技术课堂教学与实践。信息技术课程在我国经历了打字排版、计算机操作和计算机编程三个阶段,已从关注技能和工具使用,到对信息素养的培养,重视对信息技术科学的认识,重心转向对信息技术课程育人价值的重视。2022年,随着义务教育阶段信息科技课标的发布,信息科技学科又迎来了新的重大变革,新课标引进了新模式、新观念、新内容,以数字素养与技能培养为目标,以真实性学习为基本途径,强调利用信息科技解决实际问题,丰富了义务教育信息科技课程的内涵。"双减"时代下,信息科技更名成为独立学科,覆盖全学段,意义深远。

(一) 信息科技课堂实现信息技术育人价值

信息科技学科承载着培养学生信息意识、计算思维、数字化学习与创新、信息社会责任四大核心素养的重任。新的信息科技课堂,应瞄准培养目标,关注学科的科学本质和育人价值。在课堂教学中,注重学生信息素养养成,让学生面对信息社会的各种新技术、新手段、新应用和新发展,获得驾驭信息资源高效完成任务的幸福感以及信息社会角色认知的使命感。

(二) 社团实践满足学生个性化发展

信息科技类社团的开展能够兼顾部分学生的兴趣爱好甚至影响其职业选择需求。目前在人工智能教育逐渐普及的前提下,基于编程教育的社团开展十分必要,是对课堂教学目标的深化,对知识技能的有益补充。分析不同编程类型的价值,清晰认识不同编程中的能力侧重,针对小学编程教学的学习难点,让学生动起来、说出来、做起来,用作品制作、游戏模拟等各种"行动"去主动学习,不局限于抽象思考、例题模仿和操作训练,尝试着让学生从被动模仿走向主动行动,从浅层知识学习转向多元智能形态的身心共同认知。

低年级的积拼搭建能引导学生主动动起来,消除对编程学习的畏难情绪。中高年级开展无人机、3D打印、机器人、Python编程等社团,让学生在说出来、做起来中,理解学习掌握技术,综合运用互联网知识和学科知识,解决实际问

题,全面提升学生信息技术应用能力,提升学生信息素养。

四、信息化手段构建以学习者为中心的全新教育生态

(一)"以学习者为中心"资源获取更加开放

每个人都可以选择最好的授课教师,选择适合自己的学习资源,促进教育公平的实现。2020 年 2 月 17 日正式开通的国家中小学网络云平台,汇集了小学、初中、高中各学段海量的课程学习资源,实现了小学、初中、高中所有年级和各主要学科全覆盖,呈现方式更加合理,师生使用更加自主。资源以微课视频为主要形式,时长合网上学习特点及视力保护的需求;采用"教师讲解 + 多媒体大屏"的形式,最大限度地还原课堂教学的真实场景,复现课堂教学的现场感,契合中小学生的认知习惯和需求。

(二)教学组织模式"以学习者为中心"

信息化手段支持下,传统的教学组织模式向线上线下融合转型,可以利用信息技术与传统学科教室融合创新,实现线上线下资源优势互补,学习场景可以扩展延伸,从教室内、校园内延展至教室外、校园外甚至虚拟空间,能更好地实现育人目标,利于讨论合作、个别辅导等个性化学习的开展,利于促进教师专业成长,学生学习、教师研修,均可实现线上线下一体化。

第二节 信息技术赋能,教学提质增效

姜哥庄小学以信息技术 2.0 工程和云平台赋能作业改革样本校为契机,切实落实"双减"政策,优化作业设计,积极利用云平台开展课堂教学研究,积极探索云平台中备课、授课、分层作业、靶向作业、数据分析、小组评价等功能的使用,实现个性化的学习指导和学生自主互动下的学习,为教育教学成绩提升助力。

一、顶层设计,统筹规划信息技术赋能教学各项工作

姜哥庄小学把教育信息化工作摆在重要位置,成立了以校长为组长的信息技术 2.0 领导小组,制订了教师信息技术应用能力提升工程校本研修方案和云平台推进实施方案,按照"以校为本、基于课堂、任务驱动、注重创新、精准测评"的教师信息素养发展新机制,全校推进信息技术能力提升工程 2.0。着重做好校管理团队培训、培训团队研修、教师全员校本研修等关键项目。将信息化建设工作纳入常规管理考核,使此项工作实现专项管理,常规抓落实。

二、多元培训,促教师信息技术水平提升

姜哥庄小学邀请了中国海洋大学专家进行了云平台培训。专家从云平台作业的布置、查收与分析、靶向作业、分层作业、扫描仪的使用等方面细致地对教师们进行了指导,同时,耐心地解答了教师们的各种问题和困惑,培训效果良好。为了全面提高教师的信息素养,提升教师运用信息技术进行学习和开展教学的能力,组织全体教师参加了教师信息技术应用能力提升工程 2.0——班班通培训。Android 简易白板、软控精灵联网方式、整机触控模块、OPS 模块,一次次刷新着教师们对于班班通设备的认识,让大家切实感受到信息技术的优势。姜哥庄小学的信息技术教师还参加了崂山区人工智能设备培训和人工智能实验室设备使用及人工智能竞赛项目培训等活动。

三、加强校本教研,形成信息技术研究合力

搭建舞台,赛练结合展示融合成果。姜哥庄小学通过校本活动、各级信息技术与学科融合优质课评选、"一师一优课"评选、微课程评选等,提升了教师信息技术与学科融合实践水平;重点培养教师执教交互式电子教学设备类课例、数字化学习终端类课堂教学活动课例、师生分离与生生分离环境下在线课堂;并通过学校社团、特色课程等开展创客/STEAM、人工智能类教学活动;通过校园读书节、科技节、艺术节等节庆活动,汇报学生学习成果;通过调查研究报告、项目展示答辩会等展示各学科的综合学习成果。

姜哥庄小学还举行了信息技术 2.0 应用课例比赛活动。参加比赛的教师通过新颖独特的教学设计、合理的教学内容安排、实际有效的教学手段、环环相

扣的教学环节,充分调动了学生的积极性,展示了姜哥庄小学教师运用所学信息技术推进课堂教学水平的实力和精神风貌。姜哥庄小学还开展了骨干教师示范课、云平台使用过关课、云平台作业功能小妙招、云平台作业赋能错题集册、云平台作业赋能优秀作业集册、云平台作业赋能精品案例的"六个一"项目研究,以活动促教师信息技术水平提升。

四、开展基于云平台的教学研究

(一) 云平台建立分层作业,分类控制作业总量

姜哥庄小学充分发挥云平台上的作业诊断、巩固、学情分析等功能,将作业设计纳入教研体系,重点进行分层作业的设计。将班级学生分层,根据学生的实际情况为学生量身定制个性化作业,确保作业的精准性、规范性、有效性,实现全批全改,对采集到的作业数据进行梳理、分析、总结,为作业的"量"进行全程跟踪;组织校本作业、特色作业等的研讨,指导各自学科的作业规范,评选优秀的作业典型将以推广。

(二) 数据实时反馈,作业精准指导

平台为姜哥庄小学学科教学提供了有力的数据支撑,最主要表现在课堂教学整体推进方面和学生课堂掌握反馈方面。学校相关部门和负责人可以从平台后台提供的课堂数据和分析得出相关教师在课堂整体推进方面的效率和效果,如课堂各环节进行的时间分配、相关功能的使用频率、课堂练习环节的反馈效果,可以很直观地得到课堂教学效果的结论。同时,云平台最显著的功效之一,就是可以帮助教师更好地了解学生的课堂掌握情况、课后练习和检测情况。不论是课堂练习还是靶向、分层作业,教师都能够从平台得到实时的数据分析,正确率、易错点、重难点分析等,快速形成学生个体数据和班级、年级整体数据,大大提高了教师的教学效率和针对性,相应地减轻了教师和学生的负担。

(三) 收集错题集锦,实施靶向训练

有了习题统计分析的大数据支撑,教师能够开展分层精准教学指导,学生则可以接收通过系统推送的举一反三的靶向试题强化训练,提升学习效果,后续将为每一名学生建立错题集和靶向习题集。

五、建设学校教育教学资源库

姜哥庄小学建立资源共建共享的工作机制,完善教育教学资源库,调动教师运用信息资源开展教育教学工作的积极性,建设适合需求的丰富的教学资源体系,并通过网络信息平台共享优质教育信息资源,加强资源交流,学科互通有无,实现优势互补。全校教师参与建设和熟练利用"教育教学资源库"。

海大云平台提供了系统化的电子教材、教案、学案、作业等资源,方便教师们在原有资源的基础上结合学生学情进行自定义修改,一键上传,教师将日常教学所用的纸质资源电子化到平台中,一次备课,可以长期使用并不断更新迭代,实现办公室和教室之间资源的无线传输和保存,不需要借助 U 盘等存储媒介,并像网盘一般终身保存在教师的个人账户中,长程存储,形成属于教师的个性化资源库。教师备课效率大大提高,负担大大减轻。同时储存学生作业的布置与反馈数据,便于教师长程监控和调整作业数量、质量和效果,在课堂中讲解错误率集中题目,发挥信息技术优势,提高作业设计质量。

姜哥庄小学每学年组织系列微课比赛活动,建立学校微课资源库。活动分准备、制作、评选、展示学习四个阶段,全体教师参与此次比赛。每位教师认真学习方案,学习微课设计要点,摸索微课录制方法,认真撰写"微课"稿,精心制作"微课"课件。姜哥庄小学利用电子班牌将微课资源滚动播放,"微"在抑扬顿挫,"微"在声情并茂,"微"在通俗易懂。

六、项目学习提高学生运用信息技术解决实际问题的能力

信息科技新课标中 25 次提到"项目",提倡开展项目活动,通过项目实践培养学生核心素养。项目式学习的核心要素包括有挑战性的问题、持续的探究、真实性、学生发言权和选择权、反思、反馈和改进、公开展示项目成果。信息科技学科的项目式学习在教师指导下,根据教学目标、内容和学生信息技术现状确定教学预期,从信息的收集、方案的设计、项目实施及最终评价,都由学生自己负责或合作解决,凸显学生的主体性。

项目式学习适应未来人才需要,能更好地让学生体会到学习的乐趣,参与互动。他们通过完成一个个项目获得这个年纪该学的、实用的知识和技能,在玩中学,学习变得快乐、充满趣味、富有生气。例如:引导低年级学生探究校园环境、周边博物馆、国学馆,联系实际生活运用语音、图符、文字等进行信息处

理的初体验,巧妙开启信息科技之旅;中高年级学生研学科技馆、海洋馆等,走进真实场景学习,发掘学习项目,挑战"未来城市"构建、"大海洋"生态建模等项目,让学生学习与真实场景双向映射。

姜哥庄小学信息科技教研组以"基于真实情境下以问题解决为导向的项目化的教与学"为教研主题,开展信息科技微项目教学研究。2021年9月,课题"微项目教学在信息技术学科中的研究与应用"立项为青岛市教育学会课题。课题研究期间,融合新课标理念,设计的"Python语言:认识列表"一课,在青岛市范围内公开展示,并在崂山区信息科技学科中进行了经验交流,参与设计的"编程教学:奇妙的抽象画"一课,在青岛市信息科技学科培训活动中进行了汇报展示。

学校在未来的教学中,将依托信息技术2.0提升工程,找到合适的技术支持工具或方法,培养教师所需的各项能力,以解决教学各阶段存在的问题,促进学生的适性发展,进一步转化和提升教师的教育理念和信息化助力下课堂教学的创新变革能力。姜小教师将带着五彩斑斓的憧憬,携手共进教育信息2.0时代!

附:

云平台赋新能,语文课堂提效率
——二年级上册语文《日月潭》研究案例

朱云霞

一、案例背景

"双减"政策的出台,让作为教师的我看到了国家对教育改革的决心和力度。政策的出台将减轻家长的负担,让"还孩子一个快乐的童年"有了希望。同时也督促着教育者,要想更多办法去努力提升学校教育教学质量。希望有关部门加大力度将政策落地落实,切实取得实效。

云平台的使用,可以帮助我们实现最高效地完成课堂教学,提升课堂教学质量。教师可以利用云平台,对日常作业进行分层设计,开展精准练习。

针对云平台的各项功能,我精心设计了部编版语文二年级上册第十课《日月潭》的教学设计,在搜集资料、备课、制作课件、组题等方面做了充分准备,向我们低年级教研组成员进行展示。

二、案例描述

（一）确定目标，课堂前测

《日月潭》是二年级下册第三组的第一篇课文，这组课文是围绕爱祖国、爱家乡的专题来组织的。本课教学的情感与态度的目标是要让学生感受日月潭的秀丽风光，激发学生热爱宝岛台湾和热爱祖国大好河山的情感。学习这篇课文不仅能让学生们欣赏到日月潭的秀丽风光，品味到文中的好词佳句，还会使他们产生一个愿望：美丽、富饶的台湾快回祖国的怀抱。

本课的后鼻音生字比较多，课堂上要指导学生们读好后鼻音生字。"展"这个生字比较难写，是易错字，需要特别强调。理解重点词语"群山环绕""树木茂盛"时，感觉对二年级学生来说用语言表述比较空洞，我设计使用图片让学生直观感受，包括在学习日月潭名字由来的时候，我也确定用图片的方式让学生直观感受，并让学生到台前来指一指、圈一圈、说一说为什么这个潭叫日月潭？精准定标以后，我运用云平台的备课功能在网上备课，并上传课件，简单、省事、省时。之后根据二年级学生的学情，我又研究确立适合学生们做的课堂练习，从云平台的题库当中选取能检测课堂听讲质量的练习题，我选取了易错字书写、根据课文内容填空、补充词语、简答题这几个类型的练习，利用云平台的组题功能，组成课堂检测试卷，达到当堂检测的目的。

（二）精读课文，提高效率

初读课文以后，我让学生认读生字。这一环节，让学生们先自己认读一遍生字，接着利用云平台的随机点名小组加分功能，让一名学生当小老师来领读，这样可以提高学生注意力，让每一名学生都高度集中、认真识字，个人、小组加分环节激发学生积极进取的心理，提高了学生课堂学习的兴趣，能有效提高课堂教学效率，真正体现以生为本的课堂教学。

讲解课文三、四自然段，介绍日月潭的景色时，我启用计时功能，让学生在规定时间内完成任务，对课堂时间更有规划、不浪费时间。

我先对学生提出自读要求，并提出问题：这两段分别写了日月潭什么时候的景色？学生读完以后全班进行交流，"清晨""中午"这两个时间非常容易找到，再梳理晴天和雨天的时候，就稍有困难，学生抓住关键词"太阳高照""下起蒙蒙细雨"，我顺势引导"太阳高照"说明天气怎样？"蒙蒙细雨"又说明天气怎样？学生顺势说出晴天和雨天，我随机板书：清晨、中午、晴天、雨天。我接着问："你喜欢日月潭什么时候的景色？把描写你喜欢的景色的句子有感情地读一读给同桌听；并告诉他你觉得日月潭这个时候的景色怎么样？"让学生自由选择朗读自己喜欢的"清晨""晴天""雨天"三个不同画面，感悟景色的特点。读完以后学生进行汇报，教师相机利用多媒体课件播放日月潭清晨和中午的景色，让学生感悟景色的特点，并进行朗读指导。朗读课文时，我引导学生理解词语"隐隐约约"。有学生说："模模糊糊，看不清。"理解"清晰"时，学生说："看得很清楚。"理解"蒙蒙细雨""披上轻纱""朦胧"等词语时，学生能结合自己的生活认知来理解，有一层薄薄的纱，看得不是很清楚，继而达到有感情朗读课文的目的。

欣赏完日月潭的美丽风光，我接着说："日月潭的风光实在太美了；老师真想用一个四字词语来赞美一下日月潭的风光，该用什么词语好呢？"（学生可能会回答"景色优美、山清水秀、风景如画、景色宜人、美不胜收、山河壮美、湖光山色"等；待有学生回答"风光秀丽"一词时，马上切入课文）引领学生齐读最后一个自然段。通过示范读—赛读—生生评读—齐读，突出"风光秀丽"和"许许多多"。最后让学生诵读全文，并试背自己喜欢的段落。

课文讲完，我又对学生进行思想教育："刚才同学们游览完日月潭；有什么感受呢？能谈一谈吗？"（相机进行爱国、爱家乡的教育，并激发渴望回归的感情）学生争先恐后地发言，看到他们说出自己的感悟，我想这节课就算成功了。

（三）赋能作业，彰显个性

上完课以后，课堂上紧接着对本课知识进行了检测，学生在规定的时间内进行答题，答完题以后我利用云平台的作业/测验功能，对试题进行直接讲解，订正答案，学生根据教师讲解直接批阅，反馈信息，进行扫描。根据扫描呈现的数据统计最高分是 34 分，平局分 29 分，最低分 22 分，字形、词语结构掌握值是96%，本课的难写、易错生字没有出错，只是书写美观度有待提高，词语结构练习只有 1 人出现错误；根据课文内容填空掌握值是 72%，问题集中出现在对日月潭名字由来和地理位置的理解不扎实，对课文内容掌握不够熟练，对课文先介绍地理位置还是先介绍名字由来没有掌握；对课文的第三自然段进行试背填空，这题出错比较多，掌握值是 67%，分析可能课文内容较多，通过课堂学习还不能扎实地掌握课文段落内容。通过数据分析我发现学生对基础知识掌握扎实,失分很少,对课文内容的理解、运用掌握情况不一,从数据统计能够看出部分学生对课文内容掌握不扎实,作答错误,同时也反映出课堂听讲质量有待提高。针对本次课堂练习中学生出错率较高的题目,使用云平台靶向布置作业功能,再进行靶向作业练习,让学生熟练掌握课堂知识,不留问题。

在"双减"政策下,云平台的各项功能管理减轻了学生学习的压力,让教学更加精准,学生的练习也更有针对性,真正做到了课堂教学的提质增效。对于我们一线教师而言要积极学习探索,不断提升自身业务水平,熟练掌握并使用云平台各项功能并真正运用到教育教学中去。

信息技术支持的小学数学教学创新

王凯

信息技术支持下的数学教学工作是动态、互动的过程,为实现技术和课程教学活动的有效结合,教师需要更新观念、总结经验,将创新教学作为一项长期且系统的工作。在具体实践的过程中,教师要善用电子书包、混合式教育等形式,打造个性化的智慧课堂,实现教学手段的多样化发展,促进小学生的多样化发展。

一、信息技术在小学数学中的应用优势

（一）解决重难点问题

小学数学知识具有极强的逻辑性,学生在分析的时候会遇到诸多难题。学生的认知水平和教师相比存在着一定的差异性,如若教师仍是采用传统的授课模式,则无法从根本上解决学生面临的困难。

（二）激发学生的参与兴趣

小学生对某些事物有极强的好奇心理,如若喜欢这门课,也喜欢课堂所呈现的教学形式,则更容易进入学习状态,积极参与其中。信息技术支持下的教学活动使课堂形式发生了一定的变化,不再是枯燥且乏味的理论性讲解,而是一种接近于生活的情境构建,采用图文并茂的形式呈现出来。例如,教师拍摄和数学知识相关的短片,让学生认识到数学知识就存在于现实生活中,以实际行动优化课件的形成方式,调动学生的多重感官,让学生认识学习数学的乐趣。

（三）培养学生的合作意识

对于一些综合类的实践课程,教师应该给予学生自主探究的空间,引导学

生在自主思考、合作探究的过程中完成对知识的总结和分析，而不仅是单纯的学习。为此，教师采用小组合作的形式，在数学实践活动中引导学生懂得如何分工合作，并在实践交流的过程中解决诸多矛盾。例如，让学生利用信息技术制作一份精美课件，有的学生负责收集素材，有的学生负责动手制作，有的学生负责汇报，总之需要做到人人参与。

二、信息技术支持下的数学教学创新流程

（一）学情分析

对于各个阶段的学生，教师所选择的授课方式应该存在一定的差异性。例如，对于低年级的学生，教师应善用信息技术构建对应的教学情境，适当添加一些生活方面的知识，着重强调生活和数学的潜在关联。而高年级学生的认知往往更为偏向理性层面，需要探究知识的内在联系，教师可以利用信息技术搭建数学模型，在同一个平面呈现多种图形集合，让学生在观看和探索的时候深化对数学知识的综合认知。

（二）确定教学重难点

一节课中教学重难点的确定是教学设计的核心内容，整个环节设计也是围绕着重难点进行的，所以要求学生及时掌握相关知识。教师秉承着因材施教的基本原则，利用多媒体技术构建数学情境，代替传统单一的理论性教育，在节省教学时间的同时，给予学生更多自主想象的空间。在难点问题的探析中，则是利用信息技术优化教学流程，确保传授知识的先进性，将数学知识转变为学生最愿意接受的形式。

（三）确定教学流程

情境导入阶段，教师选择学生最熟悉的背景，结合信息技术的演示功能，让学生有一种身临其境之感，激发学生对本章节知识点的探究热情。对比传统的教学模式，基于动态演示下的课程知识点，更容易激发学生的探究欲，而学生在观看的过程中提炼关键知识，由此发展学生的创新思维，让学生感受图形中隐藏的"秘密"。

三、信息技术支持下的小学数学教学创新策略

（一）混合式数学创新策略

课上教学活动开始前，教师利用微视频、电子素材等资源，将教学流程、感悟和评价等联系在一起，对过于烦琐的知识点进行细化，促进学生的碎片化学

习效率。例如，在《数一数》一课的教学中，教师在课前向学生推送本章节的任务和微视频，确定目标：自主学习两位数乘两位数的计算方式，感知计算方法的多样性，完成对应的训练工作。为将本章节的知识点进行细化，教师可以利用电子书包，查找相关资料，自学、自主探究等，及时完成对知识的探究和新问题的分析，为后续阶段的教学活动奠定坚实的基础。

（二）电子书包支持下的数学教学创新策略

数学教师可以利用电子书包完成备课、训练和讨论等工作，激发学生的参与兴趣，将课堂归还给学生，及时改进学生现有的学习方式。电子书包作为信息技术下的产物，也是一种新型的教学设备，教师在课上可以利用该技术实现师生的有效互动。

例如，在《倍的认识》一课中，教师提问："6里面有几个2？8里面有几个4？"然后，教师将学生给出的答案在平台内进行排名，改变学生传统的发言模式，由此调动学生参与的积极性。通常情况下，学生在后一阶段的注意力不够集中，而电子书包的有效应用，能够重新激发学生的探究兴趣，当学生学习了倍数的相关知识后，可以通过游戏的形式加深对知识点的综合认知，让学生感到新奇且有趣，重新唤醒对数学的认知，或者是通过游戏形式了解学生当下的学习情况。

（三）智慧课堂下的微课数学创新策略

首先，课前阶段的教学活动。教师利用云平台智慧系统发布预习任务，根据对应的教学方案优化活动流程。学生接收到任务清单后，利用网络开始自主预习，实现新旧知识的有效结合，为课上教学奠定坚实的基础。例如，在"圆的认识"这一章节的学习中，教师可以在课前根据学生的实际情况进行设计，组建班级群，方便学生和教师之间的交流，让学生参与到"圆"的话题讨论活动中，在线上完成对问题的探究，优化预习作业的内容，确保相关内容衔接的紧密性。

其次，为实现课上教学的目标，教师可以组织一些抢答类的游戏，当学生完成本阶段的任务后，完成课上的测试活动，从中分析学生对现有知识的掌握情况，方便教师调整教学方案。基于智慧课堂的教学活动，应该着重体现出学生的差异性特点，教师要熟练应用网络平台，实行动态化教学，引导学生归纳出数学结构，让学生对此有更为直观的认知。

最后,课后巩固阶段。教师利用"一起作业网"布置口算、计算题,其中也包含了拓展训练、单元复习等,教师设计的题目应紧密结合课上教学内容,利用多元化的题目形式,激发学生的问题意识。

综上所述,现阶段,信息技术和人们的生活有着极为紧密的联系,一定程度上改变了大众接收信息的方式,也帮助教师构建了更为完善的教学体系。为实现小学数学课堂的有效创新,发展学生的数学核心素养,教师要善用信息技术的辅助优势,对数学教学模式进行必要的创新。

微项目教学在信息技术学科中的研究与应用

刘晓梅

一、研究背景

这一课题是在借鉴应用国内外研究成果的基础上,基于成熟的项目教学模式,在小学信息技术课程中,探索微项目教学法,是项目教学法的思路延伸,为微项目教学法与其他学科教学整合的进一步研究提供一定的参考。微项目教学既保留了项目教学的原有优势,又克服了"基于项目教学"时间长、跨度大、评价难、参与度较低等问题,将学科知识分散为多个小项目进行,能够在常态教学中实施,并形成实时、灵活的评价。根据课程大纲的要求把知识情境化、项目化,紧密结合核心知识点设计成真实情境的微型项目,项目学习活动能够在一两个课时内完成,从而促进学生知识的建构,提高学生解决问题的能力。

二、研究目标与主要内容

主要研究微项目教学理论知识,充分研究微项目的教学特性,指导项目选题和编程教学实践,提升师生信息技术素养,提升学生核心素养。

(一)理论提升方面——研究微项目教学理论体系

1. 深入理解概念。

立足课标,围绕技术核心素养,学生在一两个课时内完成一系列以真实生活为情境,基于现实问题,以任务为驱动,开放、多元、复杂并相互关联的活动集合,促进知识技能的建构和学习方式的转变,提升技术素养和创新能力。微项目区别于以往的任务驱动式学习、主题活动式学习以及范例教学。微项目主要构成在形式上包括项目引言、项目选题、项目指导、项目交流部分;在内容上,不再局限于一种软件、一种技术的学习应用,借助软件、技术最有特色、最有价值的部分去解决问题,微项目教学的效果存在一定的不可替代性和相对独立性。

2. 充分利用和体现微项目的"四维"特性。

长度:区别于传统大项目,"项目小、时间短、内容精、形式新、成本低",将学科目标和知识分散为多个小项目实施。

宽度:从 STEM/STEAM 的视角,打破学科界限,以技术为主体,有机融合科学、数学、技术、工程、艺术(广义上包括人文)等多学科知识。

进度:具有项目学习实践特征,以"设计、制作、试验、评价、优化"为活动流程。

高度:具备"项目有活动、小组有联动、探究有动力、实践有动手、生成有动态"的"五动"课堂内在气质。

3. 微项目教学选题指导。

将某一课题作为一个微项目进行研究,要平衡现实性和挑战性的关系。选题既要符合学生特点,关注到兴趣点;又要将探究任务分层,关注个体差异和需求,及时引导学生从被动学习到主动学习,从接受学习到研究学习,有效地在实践中展开深度学习,让学习真实自然地发生在学生身上,进一步实现培养和发展学生核心素养的目标。

选题时从内容与方法上进行指导,融合技术学习与技术应用,兼顾技术探究与实际使用。常态课中的微项目选题,应做到量体裁衣,平衡学科内容与真实生活之间的联系,能够适合课堂教学。微项目实际上是一个项目学习的一个大概的层级,并不必界定划分到多么小才算作微项目。如主题模块可以看作整体项目,单元项目可看作二级项目,各单元项目再分出相应的微项目,可以看作三级子项目。

4. 突破微项目教学瓶颈。

微项目应充分借鉴和总结经验,预设教学中容易出现的问题和短板,在设计教学时最大限度地避开和优化问题症结,达到更好的教学效果。

浅表:教学内容局限在浅层学习。为了能在较少课时内完成学业内容,日常教学中较多地注重基础理论和基本技能的机械记忆,停留于对知识的浅层理解上,达不到知识的迁移和综合运用。

单一:微项目教学强调学生通过自主探究解决问题并完成任务,但为达到立竿见影的效果,教师在项目指导上往往过于单一,导致信息素养和能力提升的目标达成度不高。

局限:微项目教学的引入,是一项重要的改革和进步,然而大部分信息技术教师还习惯于先讲后练再展示的传统授课模式,难以通过一个微项目把相关知识与技能灵活地融入课堂教学。

课时:虽然将学习内容微项目化,但课时不足的情况很可能发生,因此有必要对课程的内容甚至学生群体做阶段性的合理整合,平衡授课课时、教学效果之间的关系。

(二)素养提升方面——在微项目学习中提升师生素养

课标明确指出,在教学中创设丰富的真实情境,设置项目式学习任务,引导学生经历抽象和自动化等问题的求解过程。针对学生的已有经验,引入游戏化、仿真化学习场景和资源等进行教学,提高学生对学习的参与度。在 1～2 年级,课程内容围绕学生真实生活展开,综合多学科的学习主题;从 3 年级起课程将信息科技的基本概念和原理逐步融入与学生认知水平相符的真实情境。微项目教学恰好提供了以丰富的应用情境和实践机会来支撑理解,促进学生信息素养逐步提升的模式。

此过程也助推教师素养提升,让教师在微项目学习中自我定位,提升课程统整的能力,学科内重组、跨学科整合、超学科的统整能力,以及以学生为中心的协助和指导作用。微项目所涉及的人员构建"学习共同体",注重的不是最终的结果,而是完成项目的过程。

(三)让编程更有趣——基于小学信息技术学科探究微项目教学在编程教学中的应用

《中小学人工智能技术与工程素养框架》已经正式发布,其中在人工智能基础应用技术层面,对小学段提出了明确的要求:感知与识别方面编程实现机器的某种感知和识别能力,人机交互上编程实现简单的语音或体感交互的应用,行动与控制上编程让机器人说话和行动。编程教育正在走向深度学习,走向真实情境。常态课中的编程课经常单一、无趣、低效,课堂缺乏生机活力,微项目教学不仅能够让学生看到项目完成后的成果样例,让学生对完成项目充满期待,还能够有效地降低学生学习的难度,激励学生不断前行。经过前期的探究调研,趣味编程更容易打动学生。例如 Python 学习中,计数循环的"书单推荐"项目、运算"算术动物园"项目、"购物结算"项目等,再如"朗读者"项目,都大大激发了学生的学习兴趣,让编程课充满生机。

三、研究进度、研究方法

（一）研究进度

准备阶段(2021.09—2021.12),做好课题研究的前期准备工作。抓好对课题研究的理论基础学习、资料的收集;充分讨论实施的重点、难点,制定课题研究的实施方案,细化课题内容,明确责任分工,为下一阶段全面进行课题研究工作打好基础。

实施阶段(2022.01—2023.03),对项目教学开展全面研究。在第一阶段形成的项目教学理论和教学方法模式的基础上,构建项目教学在教学中的课堂教学模式,对研究成果和教学过程及时与传统的教学模式进行比较研究,使教学模式更趋于合理、科学;形成教学案例、相关论文、各类实录资料等。（其中阶段总结及整改阶段(2022.06—2022.09),对项目教学实施情况进行反思和整改。结合师生调查问卷等方式,针对性地研究过程中出现的问题和遇到的困难,寻找解决问题的对策,必要时进一步修订完善研究方案,总结经验,查缺补漏,为后期研究打下坚实基础)

总结阶段(2023.04—2023.06),进行结题筹备。在前两阶段研究的基础上,各方面取得了初步的成果,已初步具备课题拓展研究和产生研究成果的条件。本阶段精心收集、整理实验过程中各种资料,进行研究成果的归类和总结,形成可推广应用的课堂教学模式,把项目教学在全校范围内进行整体推进,提高学校的教学水平。在充分讨论的基础上,对课题进行总结,撰写出研究报告,申请进行课题成果鉴定,召开课题结题会议,加强成果的推广。

（二）研究方法

通过文献研究法关注国内外微项目教学发展崭新成果与发展动态,丰富理论构架,指导研究实践。行动研究法在一定范围内系统地、科学地解决了课堂教学中存在的实际问题,不偏重于建立理论或归纳。在研究过程中,我们将对教学中的问题进行反思,及时发现问题,寻找解决问题的对策,不断地调整和完善实施方案,并通过自然实施法研究课堂教学,探讨并实践微项目教学。

第七章
学习感悟

第一节　读经·悟道

　　我近些年一直教传统文化，所谓"学然后知不足，教然后知困，知不足，然后能自反也；知困，然后能自强也。故曰：教学相长也"。六年级传统文化中有一个课题是《道法自然》，为了上好这节课，我通读了几遍《道德经》，有所感悟，受益匪浅。

　　《道德经》亦称《老子》，或称《五千言》，是道家学派最权威的经典著作，内容博大精深，涵盖宇宙自然、哲学伦理、人性修养、治国之道等，备受后人推崇。据说《道德经》是世界上除《圣经》外翻译、传播最广的著作。德国哲学家黑格尔佩服老子，认为老子真正代表了东方的哲学智慧。英国科学家李约瑟说："中国文化就像一棵参天大树，而这棵参天大树的根在道家。"

　　《道德经》中的"道"如何理解呢？开篇即是"道可道，非常道""有物混成，先天地生。寂兮寥兮！独立而不改，周行而不殆，可以为天地母。吾不知其名，字之曰道，强为之名曰大"。所谓大道无形，老子的"道"可以理解为自然规律、客观规律，在宇宙中发挥着自身作用，贯穿于万物生长、发展、消亡的始终。"道"是客观存在的，不以人的主观意志为转移。"道生一，一生二，二生三，三生万物。"

万物都在道中。这与《易经》中的"易有太极,是生两仪,两仪生四象,四象生八卦"的表述有异曲同工之处。

《道德经》博大精深,有的内容非常玄奥,很难完全理解,但是并不妨碍我们从中汲取人生的智慧、教育的智慧。

一、做人之道

老子认为水最接近于大道的本质,把水作为人格的最高写照和完美表达。"上善若水,水善利万物而不争,处众人之所恶,故几于道。夫唯不争,故无尤。"水具有宽广的胸怀,所谓"海纳百川,有容乃大";水具有谦逊的品格,总是往低处流,养育万物但不求报答。水能够遵循自然,顺势而为,不与人相争,所以就没有过失,不会遭到他人的怨恨和嫉妒。

关于做人之道,令我印象很深的是"为而不争"四个字。"故天之道,利而不害;圣人之道,为而弗争。"道家的清静无为、无为而治,不是无所作为,不是碌碌无为,而是为而不争。幸福是奋斗出来的,也是比较出来的,没有比较,没有幸福感,现在的孩子就缺乏物质上的幸福感。同样,痛苦也是比较出来的,很多烦恼是因为计较、比较而来的,争风吃醋、争名夺利、争权夺势,是因为争斗而来。

关于争斗,道家学派的另一位代表人物庄子讲过一个故事,因为魏王要攻打齐国,庄子就讲了一个故事劝告他:有两个国家,一个叫触氏,一个叫蛮氏,它们为了争夺地盘经常打仗,打得血流成河、伏尸百万,一个国家战败了,另一个国家追赶十天半个月才能回来。这两个国家有多大呢?一个在蜗牛的左触角,另一个国家在蜗牛的右触角。庄子通过这个故事讽刺了那些争权夺利的好战者、好争者。你在那里争得不亦乐乎,在别人看来,太好笑了,有什么好争的呢?因此后人有诗:"蜗牛角上争何事,石火光中寄此身。"

人生太短暂了,就像苏轼在《赤壁赋》中所写:"寄蜉蝣于天地,渺沧海之一粟,哀吾生之须臾,羡长江之无穷。"当站在更高的高度、更大的格局,用更宽广的视野来看,会感觉大部分的争斗毫无意义、没有价值。为而不争是一种境界,做校长管理好一所学校,做班主任管理好一个班级,不是为了比别的学校、班级好,不是为了压倒别人,而是为了让自己学校、班级的学生发展、成长得更好!

"以无私成其私"是老子做人智慧的高度体现。"是以圣人后其身而身先，外其身而身存。非以其无私邪？故能成其私。"圣人谦虚谦让退于别人身后反而能得到众人的爱戴和拥护走到前面，把自己的生死置之度外反而能保全自身，正是由于他不自私，所以反而能成就保全他。由此我想到了张桂梅老师。她投身于云南山区的教育事业，多方奔走，建起了免费的女子高中，已有1800多名大山里的女孩从这里考入大学，为了做好学生家长的工作避免学生辍学，她在大山里走了近12万千米家访，为了山区女孩子的教育事业，几乎捐出了自己的全部劳动所得，自身患了十几种疾病，是无私奉献的典范。也正因为她的无私，她先后被评为时代楷模、全国优秀教师、全国三八红旗手、全国最美乡村教师，被党中央授予"七一勋章"，并在七一勋章颁授仪式上发言。

这是以无私成其私的现实案例，成就学生才能成就教师。教师用自己无私的爱，赢得学生、家长、同事的尊重，也会收获到鲜花和掌声，人生价值得到充分体现。相反，拈轻怕重，患得患失，斤斤计较，私心杂念太多，会影响自己的发展和成长。

二、教育之道

道家主张清静无为、道法自然。"人法地，地法天，天法道，道法自然。"道是至高无上的，但至高无上的道也要向自然学习，顺应自然，何况人呢？

叶澜教授的文章《依教育之所是，达"自然而然"之境》，提出教育的自然而然之境：厚朴如树，温润如玉，灵动如水，绚丽如凤。教育要遵循规律，一是儿童的身心发展规律，要把握儿童的年龄特点和知识水平，顺应儿童天性，尊重他们在智能类型、性格等方面的差异性；二是教育教学规律，要回归教育初心、原点思考问题，追求自然、真实、朴实、扎实的教育。

老子主张"圣人处无为之事，行不言之教"。从教育的角度解读，即"身教重于言教"。学高为师，身正为范。"其身正，不令而行；其身不正，虽令不从。"有一个关于印度圣雄甘地的故事：一位母亲带着孩子找甘地，让甘地教育她的孩子少吃糖。甘地一反常态，迟疑了一会，让这位母亲下周再来。到了下一周，这位母亲领着孩子来了，甘地耐心地给这个孩子讲道理，终于让他下决心不再多吃糖了。那位母亲很高兴，但临走时问了甘地一个问题："您上周为什么不教育他呢？"甘地沉默了一会儿说："因为上周我也在吃糖。"

与"不言之教"相对应的是教育的语言过多。心理学上有一个超限效应的故事。马克·吐温听牧师演讲，最初感觉牧师讲得好，打算多捐点钱；10分钟后，牧师还没讲完，他不耐烦了，决定只捐些零钱；又过了10分钟，牧师还没讲完，他决定不捐了。在牧师终于结束演讲开始募捐时，气愤的马克·吐温不仅分文未捐，还从盘子里偷走了2元钱。这种由于刺激过多或作用时间过久而引起的逆反心理的现象，叫作超限效应。我们不能把苦口婆心变成婆婆妈妈、唠唠叨叨。教师在教育学生的过程中不能超限，家庭成员之间的沟通也不能超限。

三、做事之道

《道德经》中关于做事之道的经典语言有很多是人们耳熟能详的，如"天下难事，必做于易；天下大事，必作于细""合抱之木，生于毫末；九层之台，起于累土；千里之行，始于足下"。做事情就要从点点滴滴的小事、易事做起。当自己遇到难度较大的工作时，就可以想想这句话。一屋不扫，何以扫天下。落实工作就要抓小、抓细、抓实。另外，要落实到行动，由知道到做到。与其坐而论道，不如起而行之；与其临渊羡鱼，不如退而结网。像孔子所说的"吾尝终日不食，终夜不寝，以思，无益，不如学也"。

习近平总书记引用过一句话："行百里者半九十。"《道德经》中的表述是"民之从事，常于几成而败之。慎终如始，则无败事"。《劝学》中也有类似的表述："故不积跬步无以至千里，不积小流，无以成江海。骐骥一跃，不能十步；驽马十驾，功在不舍。锲而舍之朽木不折，锲而不舍，金石可镂。"做事情只有坚持不懈，慎终如始，才能成功。

四、管理之道

习近平总书记曾引用《道德经》中的一句话："治大国，若烹小鲜。"小鲜指很小的、肉质鲜嫩的小鱼，治理国家如同烹饪小鱼，最忌讳反复翻折，不然一不小心就会把小鱼烹碎。教育工作者管理一所学校、一个班级，面对的是一个个正在成长中的、独立的生命，更要小心翼翼地呵护他们幼小的心灵，保护他们的好奇心与求知欲，尊重他们的人格尊严，耐心倾听他们的心声。作为校长，不折腾老师是一种美德；作为班主任，不折腾学生、不折腾学生家长也是一种美德。

我在学校管理中将"多言数穷,不如守中"作为原则之一。原文中的意思是"政令名目繁多反而会加速国家的瓦解,不如始终保持在中间的状态之下(或理解为守住最重要的)"。应用于学校教师管理,我想管理制度不需要太多,制定好、落实好教师年度考核制度、教师评优制度、评职称制度、绩效工资制度等主要的即可,完全可以树立正确的导向。

王国维在人间词话中认为人生有三境界:第一境界——昨夜西风凋碧树,独上高楼,望尽天涯路(孤独、寂寞、寻找方向);第二境界——衣带渐宽终不悔,为伊消得人憔悴(付出努力和汗水不后悔);第三境界——众里寻他千百度,蓦然回首,那人却在灯火阑珊处(豁然开朗,有所收获)。教育工作者不一定要成为教育家、名校长、名师,但是可以成为学生心目中的好老师,如此同样可以达到人生的第三种境界。让我们从中华优秀传统文化中汲取人生智慧、教育智慧,做新时代优秀的人民教师,为实现中华民族伟大复兴的中国梦履职尽责,更好地实现自身价值!

第二节 赴英国教育培训、考察报告

2019 年 12 月,崂山区人民政府组织了"以学生个性化发展助推学生综合素质提升"英国教育培训班。全团共 12 人,由区政府主任督学张青海同志任团长。培训团成员 12 月 10 日出发,先后到达英国伦敦、利兹听取了伦敦大学教育学院高级讲师肖恩博士、英国高等教育质量保障署的布伦达女士、威斯敏斯特大学的帕诺斯博士、伦敦大学教育学院的菲尔南达博士、利兹市地方政府教育局的凯文研究员所作的报告,考察了利兹文法中学、利兹丘威尔小学、圣玛丽小学等学校。圆满完成培训任务后,全体团员于 12 月 23 日顺利返回青岛。现将培训学习收获报告如下。

一、英国现行教育体制

英国实行 11 年义务教育。1~4 岁是儿童关护期,5~11 岁是小学阶段,11~16 岁是中学阶段,17~18 岁是英国大学预备阶段。

在义务教育阶段，英国分别针对 7、11、14、16 岁的学生开展全国性考试，全国统一制卷、统一考试、统一阅卷。学校将测试成绩通告学生家长，并附加教师评语，使家长了解孩子的学习进展。学校成绩排行榜通常在媒体上公布。

英国的学校实行校董会领导下的校长负责制。根据学校规模，校董事会成员从 11～19 人不等，由教育官员、社区名流、地方商会代表、教师代表、家长代表等组成，4 年一届。校长对学校的各项工作负责，拥有教师聘用、考核、奖惩权和学校经费的安排使用权，校董事会不对学校的日常工作进行干预。

英国建立了完善的教育督导评估机制，由英国国家教育标准办公室（督学署）每 3 年 1 次对学校进行督导评估。督导是对学校整体教育质量的评判，强调使用统一的评估框架，但不是用一把尺子评估所有学校，而是根据起点不同，与同类生源学校相比。督学通过听课、访谈、与校长交流、查阅教师教案、学生作业等多种手段对学校做出专业判断。

英国的职业学习分八级，国家职业文凭达四级，可以转学到大学一年级；达到五级，可以转入大学二年级，打通了大学教育和职业教育的通道。八级技术是博士，也可以作为大学录取的依据。

二、英国教师培养、培训机制

英国教育重视教师的入职培训。如果大学毕业要从事教师职业，不管是不是学习教育专业，都要进行为期 1 年的初始教师培训，其中要有不少于 24 周的学校实习。也就是说，大学生毕业后不能直接进入学校担任教师。

师资培训路径有两条：一是读专业教育学士学位，全日制 3 年以上的培训；二是由学校引导成为教师的路径——边工作，边培训成为教师。学校可以先雇用大学毕业生，付初级教师的工资，培训合格后再转正。如果要申请领薪水的培训方式，就要在学校工作 3～4 年。

英国政府对于紧缺的学科专业人才的培养有不同的资助金额，鼓励优秀的人才学习紧缺的教育专业，具有很好的导向性。如大学选择与科技相关的专业、STEM 教育相关专业，会获得更多的资金资助。

三、英国的课程设置

英国国家课程目标是引导学生获取最佳的知识，帮助学生拥抱人类创造的成果和发展。2014年修正的国家教学大纲给予学校更多的自主权,怎么教国家大纲不规定,由各校根据学生学习的情况安排。

英国中小学的核心学科有3门,是英语、数学、科学。基础学科有7门,包括历史、地理、语言、音乐、体育、艺术设计、信息技术。

英国小学没有教材,只有课程大纲,英国教育部门认为课程设计规定到每一天不科学,每天上午都要有一节数学课。英国小学大多使用描述性的语言记录学生的表现情况,而不是以分数来衡量。

英国基础教育注重艺术素质教育,基础课程当中有3门与艺术有关,其中用艺术设计取代美术,重视培养学生的想象力、创造力和审美情趣。

每一个学段结束时都要进行考试,小学阶段结束时要进行 SAT 考试,每个学校六年级的考试成绩会被作为英国公立小学排名的重要参考依据。数学考算数、应用题,英语考语法、阅读、习作等。16岁中学毕业考试成绩非常重要,需要考取普通中等教育证书 GCSE。学生要考7～10门课程,包括数学、英语、科学、信息技术、地理和历史等。高中实行走班制,学生选课余地大,上什么课就到哪个教室。英国高中预科主要分两种:A-level(A1,A2)和 IB。A-level 选课除了3门核心课程,可以再从60～70门功课中选择其他课程。

四、英国学校特点

英国的中小学规模较小,一所小学一般有100～500名学生。实行小班化教学,每个班级的人数不超过30人。

英国的教育很节俭。我们参观的几所学校校园面积都不大,办公室很小,设施设备相对较少,微机室面积都很小,两人用1台笔记本电脑。美术、音乐器材相对较少。

教室内的座位按照小组排列,不是排排坐。室内大量展示学生的作品,显得非常生活化、情趣化。

学校实行全科教学,1个班级2～3名教师,其中有1名助教。师生关系民主和谐,教师从不吝啬表扬鼓励学生。教师工作很敬业,每周平均课时20节以上。助教现场批阅学生作业,认真记录每1个学生的作业情况。助教用绿色笔批阅作业,做对的画对号,做错的点一个点。

校长、教师特别重视向客人展示学生的作业,因为没有统一的教材,作业本上呈现的就是学生本学期的学习内容。学生学习的知识性的内容少,课业负担轻,经常每月布置 1 次实践性的主题作业。

英国的学校国际化程度相对较高,每个教室都可以看到不同国家、不同民族、不同肤色的学生,因此英国学生的国际理解力要更高。学生面对客人时放松、热情,在其中 1 所学校,教师让学生谈谈对中国有哪些了解,学生们说出了中国年、中国龙、华为、中国科技、酱油等他们了解的中国元素。

英国的学校同样特别重视安全工作。印象最深的是对学生隐私的保护,来访者进入校园不得随意拍照,尤其不能拍学生,否则会立刻遭到投诉。另外,学校特别重视网络安全教育,从小教育孩子不透露个人隐私,不告知他人自己的密码,不暴露地址,不打开不明链接等。学校同样实行封闭式管理,进入教学区需教师开门,学生通道和访客通道分开。

五、英国教育的主要特点及中英教育理念比较

(一) 英国教育的主要特点

1. 英国小学对体育的重视

私立学校从中午 12 点到下午 5 点,密密麻麻排满了各种体育课程。从中小学到大学,体育是重要课程,因此英国学生的体质更好。

2. 教育中对自信心的培养

教师善于用友好、幽默的话语加上热情的笑容鼓励学生,教师夸奖学生从不吝啬。即使是幼稚简单的问题,也会得到教师耐心认真的回答。教师对学生的评语都是鼓励性的话。

3. 对阅读的重视

每天早晨,学生到校的第一件事就是还书和借书。助教会一对一地辅导学生读书。家长和教师通过阅读记录的评语来互相了解学生的阅读情况。难点儿的书由家长读给孩子听。

4. 教学方法注重青少年思维能力的教育培养

英国的教育注重培养学生的个性和创造力,注重培养学生的动手能力与实践能力。

(二) 英国和中国的课堂教学理念比较

英国课堂强调自由,中国课堂强调秩序。

英国课堂重思维表达,中国课堂更重学习效率。英国的教师不会直接告诉学生怎么做,而是让他们自己研究发现,所以英国学生经常出错,但在教师看来这很正常,学生可以在课堂滔滔不绝地发表观点。中国教师在课堂上演示实验,教给学生很多知识性的东西,学生不停做笔记。

英国课堂重活动与参与,中国课堂重预设与生成。

(三) 课堂教育的区别导致不同结果

英国学生独立性强,做事不喜欢受条条框框的约束,只要不被禁止都会尝试。

中国学生基础知识扎实,守纪律,但学习负担重,思维也会因此受到约束、限制。

六、英国培训考察的其他收获与感悟

(一) 英国重视实施个性化教育,提供21世纪人才所需要的素质

个性化教育服务按照每一个学生的需要设置课程并达到高素质的目标,让学生未来有成功的机会,无论来自什么背景,家庭、性别等;要求学校、政府、家庭合作,达成这一战略。

个性化学习的定位:单独的授课辅导、积极的学习、动手学习、区分化的安排(不同的小组),教学模式不以教师为中心,而是以学生为中心。

个性化学习的基本标准:合作、创意、批判性思维、将学到的知识运用到现实社会。

个性化学习的环境基本特点:学生要完成达标;学生可以跟老师配合,有效管理自己的学习进程;根据标准,内容、计划、时间表可以调整,有针对性地选择;与同伴合作,与家长合作;鼓励学生运用各种手段完成目标。

个性化学习的几个主要的组成部分:学生选择、学生负主要责任、个人技能发展符合21世纪要求、能够整合各种现代手段。

(二) 英国重视科学教育

科学是核心课程之一。而且,其他课程都重视帮助学生理解科学、建立科学的方法。英国教育注重让学生带着目的做,带着想法做;注重说中学,跟别人对话;注重对错误观念的澄清。英国没有专门的 STEM 课程,STEM 教育理念

广泛运用于国家核心课程、基础课程中,各学科的主题式学习、计算机编程教学、艺术设计、艺术制造等都是 STEM 教育。

科学教育在不同的阶段有不同的要求。如关键阶段一:怎么问简单的问题;怎么观察;怎么做简单实验;怎么用观察和想法回答问题;怎么存储材料回答问题。关键阶段二:能够问出相关问题;能够理解不同的探寻的方法;能够做比照性实验;能够用不同的方式表达陈述数据;能够用不同的方式报告;能够用成果做出结论,能够提出改进意见;能够认出不同、相同以及改变简单的科学观点;能够用科学证据回答问题。关键阶段三:对于回答相关问题做探寻的规划;懂得精确地测量,并且能做重复性的实验;对于数据懂得各种存储的方式,增加复杂性;能够用口述或书面的形式展示发现的成果;能够用收集科学证据的方式进行研究等。关键阶段四:懂得使用相应的资源(二手资料)做研究;能够做比照性实验;能够跨时段地观察;能够认定数据做出分类;能够寻找中间的规律和模式。

(三) 英国教育改革也在传统与现代之间摇摆

英国自 20 世纪 60 年代进行基础教育改革,变教师主导的教育为以学生为中心。近些年来,英国教育界通过研究发现,以学生为中心的教育并没有达到人们的预期,教师的授权不够,领导力下降,学生自由散漫纪律意识差,基础知识薄弱。而且,研究发现,片面强调让学生更多地参与教育,往往导致没有家庭支持背景的学生会被远远地甩在后面。因此,英国教育开始借鉴中国的一些教育方式,又开始提倡以教师为主导的教育,一本提倡中国虎爸、虎妈式教育的书被列为英国教师培训必读书目。而且,英国学校同样面临师资短缺、发展不平衡、安全压力大等问题。

因此,世界上没有一种放之天下而皆准的教育模式,东西方教育理念往往有互补之处,互相借鉴、取长补短、兼容并蓄是正确的选择。鲁迅先生的拿来主义用于今天的教育改革仍是非常恰当的。坚定文化自信,传承我国优良的教育传统,同时汲取借鉴西方先进的教育理念,融合传统与现代、东方与西方教育智慧,立足国情、地情、校情,扎根中国大地办教育,我们的教育才会更加符合教育规律和人的成长规律!

第三节　一路芬芳一路歌

——全国小学创新发展高峰论坛学习收获

　　我参加了全国小学创新发展高峰论坛——北京最具影响力小学内涵发展深度解读培训,受益匪浅。短短6天的时间,我先后参观了北京第一师范附属小学、北京市崇文小学(外交部子女小学)、北京润丰学校、北京亦庄实验学校、中国人民大学附属小学、北京市清华附小6所学校,听报告8场,听课4节。充实的行程,丰富的内容,精彩的校园,使我领略了名校长的风采、名校的特色,教育思想、教育理念得以提升,教育视野、办学思路得以开阔。感受最深的有以下几个方面。

一、名校长的教育大情怀与小故事

　　本次培训参观地都是北京名校,听取的都是全国知名校长报告。在这些名校长身上,我深深感受到他们对教育的爱与执着,感受到他们博大的教育情怀。他们用一个个鲜活的教育故事、教育案例诠释着对教育的理解与责任。

　　中国人民大学附属小学(简称人大附小)的郑瑞芳校长,以《做一件幸福的事——让师生笑着成长》为题,介绍了学校七彩教育特色。作为全国知名校长,郑校长的报告没有在理论上进行过多的阐述,而是用一个富有生命活力的小故事,全面诠释了自己的办学理念,《一座孩子们喜爱的校门——彩虹门》《一处著名景点——开放式学术苑》《一道亮丽的风景线——爱国心》《一场爱心义卖小妙会》《一节令孩子们难忘的艺术课》《一场令人震撼的国博美术展》《一位无声世界的小画家》,这一个个来自校园、来自师生的小故事,传递着郑校长和人大附小人的教育智慧。同样,清华附小的课程建设报告也是通过"小毁"成长记、一位教师的故事、一个班级的故事等教育案例,具体阐述了清华附小的课程理念与实践。

　　名校长对教师充满人文关怀。人大附小以七彩精神铸就幸福团队,让教师在培训提升中享受幸福,在阅读思考中品味幸福,在办公文化中感受幸福,在展示评价中分享幸福,在感恩他人中传递幸福……听课原则是不听推门课,期末不检查教师工作,校长每年带领干部在春节给教师拜年……郑校长给予教师的不仅是微笑、拥抱,更多的是一份信任、一份鼓励、一份温暖。北京崇文小学在多彩活动中孕育教师文化,包括教育格言文化、激励文化、磁场文化、精神文化、智慧文化、故事文化、尊重文化、留存文化、相守文化等活动,引领教师用爱、用情、用心做教育。

大部分校长可能不缺乏理论,不缺乏思想,缺少的是把目光更多地投向校园、课堂,更多地投向教师、学生,静下心来教书,潜下心来育人,营造和谐宽松的文化氛围,构建民主平等、健康向上的人际关系,以自己的教育情怀感染、引领师生,共同实现学校的可持续发展。

二、名校的大课程与多选择——用课程引领学校发展

课程是一所学校实施优质教育的主要凭借。形成具有学校特色的课程体系,开展课程整合研究,是这次所考察名校的共同特点。

北京史家小学的 4.0 课程实践,课程形态包括基础性课程,生存类、生活类、生命类课程,史家书院、家长课程、史家讲坛等形式。北京崇文小学的爱的系列校本课程独成体系,"30+10"创意课程倒逼课堂教学效率的提高。北京亦庄实验学校开展全课程实验,现在的一、二年级实施由本校教师主编的课程,课程融合了语文、科学、地理、历史、美术、音乐等传统学科的内容,实行包班制,学校走廊展示了大量的学生作品,虽然不都是精品,但充分体现了"把学生放在学校中央"的理念。

清华附小构建了基于学生核心素养的"1+X"课程体系。"1"是优化整合的国家基础型课程,通过学科内整合、学科间整合、课内外整合,优化了课程资源,提高了课堂教学效率。"X"是实现个性发展的特色化课程,包括学校个性课程、学生个性课程。课程目标非常明确,基础目标是"一流好品格、一个好体魄、一生好习惯、一个好兴趣、一种好思维",个性目标是"一手好汉字、一副好口才、一篇好文章、一项好才艺、一门好外语"。学校将课程分为"五大板块",包括品格与社会、语言与人文、数学与科技、艺术与审美、体育与健康。

科学丰富的课程体系,为学生提供了适合的教育内容,为学生的全面健康可持续发展提供了更多的选择,满足了学生个性发展的需求。

三、课堂教学是实施素质教育的主渠道

名校都有自己明确的课堂教学理念和特色。人大附小的课堂理念包括打开教师心中的黑匣子；好好说话，让课堂回归自然；和学生做朋友，不轻易否定学生。课堂特色是"课堂四声"，即掌声、笑声、质疑声、辩论声，分别指向学生的情感、态度、知识与技能、过程与方法。北京史家小学提倡两种校园表情，一是专注，二是微笑，提倡创意与表达，重视学生的系统性思维和表达的有序、生动。北京一师附小倡导快乐课堂，打造兴趣盎然的课堂、智慧共生的课堂、积极体验的课堂，实现让学生乐学、会学、主动学、创造性学。

我在北京亦庄实验学校听了常丽华老师的两节二年级语文课，全课程的开发与实施让我眼前一亮，更令我惊叹的是学生在课堂上焕发的生命活力。课堂教学内容是学生自然日记的讲评，二年级学生的习作语言生动、想象力丰富，有的语言还富有哲理。课堂上教师不厌其烦地投放每一名学生的日记，一一进行精彩的点评，在教师的鼓励和巧妙的点拨指导下，学生无拘无束，自由发表意见，童真童趣得以充分体现，生命的活力得以充分绽放。

四、在传承与创新中发展

教育是讲究积淀的，一所优质特色学校的形成需要多年的坚持与积累。

北京润丰学校的卓立校长是史家小学的终身名誉校长，1986年提出实施和谐教育，直到现在，北京史家小学和润丰学校依然秉承和谐教育办学理念。北京第一师范附属小学的快乐教育同样坚持了几十年，形成了健全的课程体系、管理体系。名校坚持不变的还有爱与责任。北京崇文小学针对外交官子女住校的情况，确定了"以情移情"的办学理念，"投入情感，感染他人；走进内心，理解他人"，用爱、用情、用心做教育。

正像北大校史研究专家陈平原教授说的那样，教育不同于科技，不是越新越好。再小的坚持也是一种力量，简单的事情千百次地做好就是不简单。

名校在不断创新。71岁高龄的卓立校长，报告现场演示PAD互动课堂，令年轻人自叹不如，他对学校建筑的设计理念、对校园文化的布局规划，无不体现出创新的力量。北京一师附小的张忠萍校长提出进行教育微创新，在不断发展变化中追求自我更新。这些名校的教育国际化交流、课程整合与开发等，都体现着教育的与时俱进与开拓创新。

以上是这次培训感受最深的几个方面。同时,北京之行,我不仅收获了学习的乐趣,更收获了美好的学习回忆,记忆最深的场景是工作室全体成员集体放弃唯一的一天休息时间去参观北京亦庄实验学校,早晨 5:30 赶地铁,等候公交车时在露天便民餐车旁吃早餐。这样的学习经历将成为每一个人终生的美好回忆。总之,北京之行虽累但充实着、快乐着、收获着,一路芬芳一路歌!

第四节 《重建教师的精神宇宙》读后感

很久没有从头至尾精心地读完一整本书了,而《重建教师的精神宇宙》一开始就吸引了我。李政涛教授以自己参加新基础教育的"生命·实践"历程,结合"异域中的思考",参悟改革,品味"教育的味道",在"自我重生"中重建自己的精神宇宙,对于学校管理者和教师都有着深刻的、现实的指导意义。

一、教育的味道,一定是生命成长的味道

不同的教育,造就不同的人生。教育应该让人获得自由和解放,赋予人生以尊严和价值,从而拥有自由创造的人生。教育者思考今日教育的起点,不再是"我要给学生什么样的教育",而是"我们要给学生什么样的人生"。

雅斯贝尔斯认为:"教育是人的灵魂的教育,而非理智知识和认识的堆集。"有灵魂的教育意味着追求无限广阔的精神生活,追求人类永恒的终极价值:智慧、美、真、公正、自由、希望和爱,以及建立与此有关的信仰。

教育的过程是教育者和受教育者相互倾听和应答的过程。教师倾听的根本目的是倾听生命和呼应生命。教师要善于倾听声音背后的某种思想和观念的萌芽,并尽量认可它们的价值和意义,抓住学生生命发展中那些不可重复的瞬间,怀着深深的谦虚和忍耐,以一颗充满柔情的爱心,满怀信心和期待地迎接那些稚嫩的生命之音。

所谓生命教育,就是可以让学生的生命得以健康、自主呼吸的教育,是让学生体验到"呼吸快乐"的教育。教育的味道,一定是生命成长的味道。教育之美,是成长之美,美在真实、健康、主动地成长。

教育呼唤生命自觉，学校要将"生命自觉"的价值取向转化、渗透到教育管理和领导过程中，并将这一当代主流价值取向传递给教师和学生。教师要把教育的过程变成同时培育学生"生命自觉"和自我"生命自觉"的过程。

二、学校改革的关键应是文化变革

文化就是人的生存方式，就是教育管理者、校长、教师和学生的价值取向、思维方式和行为方式，文化的根本特征是日常性，它涉及每个人平常是怎么思考问题，怎么行动。所谓的文化变革，就是指改变和转换人已经习惯的生存方式，但是要做到让教师每天都用新的思维方式思考，每天都用新的教学方式进行教学，这绝非一朝一夕之功。

李教授认为教育工作者需要良好的文化心态。一是改变文化迟钝，涵养文化直觉；二是循序渐进，不可揠苗助长；三是从外饰回归内蕴；四是关注过程；五是珍视传统，新旧传承；六是摒弃点状式思维和割裂式思维。

由此我想到晓望小学的生态课堂改革，也是经历了一段艰难的历程。在课堂教学改革伊始，为了统一思想，达成共识，学校编辑印制了《生态教育让生命充满活力》《六学三导教学流程初探》等一系列校本培训材料，加强校本培训，让全体教师领会"六学三导"课堂教学模式的本质思想和操作流程。学校还组织了"生态教育论坛"，学校领导、骨干教师走上讲坛，具体论述对生态课堂的认识，交流实践中的困惑与思考。每学期举行"我的精彩课堂"、引路课、示范课等活动，按照学校制定的"生态课堂评价表"，重点评价教师运用"六学三导"生态课堂模式的教学效果。各教研组细致研究各个环节的教学策略，如何预习学、尝试学，如何进行合作，如何分工，如何汇报展示，如何倾听别的同学的意见并进行补充，都有专项的研究。教研组内按照"个人备课—集体备课—上课—评课—二度重建课堂"的流程，对各学科不同课型的教学模式进行研讨。还通过专家引领、课题推动的方式，才形成了较为成熟的"六学三导"生态课堂教学模式。

三、以校长、教师的"生命自觉"，培养学生的"生命自觉"

学校管理者的生命自觉体现于不能"旁观其外"，而要置身其中。学校管理者需要具备学校变革实践的六种敏感：时代敏感、生命敏感、文化敏感、组织敏感、机制敏感、创新敏感。有生命敏感的教育变革者,总是饱含着对生命的温情、挚爱和敬畏,充盈着对生命成长和发展的强烈关注与期待。教育的使命无非是让每个生命主动、健康地发展,无非是让每一个教育生活中的生命,借助教育、通过教育和在教育中通往人生的幸福。因此要坚持学生立场:学生是否喜欢? 学生是否需要? 是否有利于学生的成长?

教师是以改变学生的现实生命为业的人,首先要改变自我的现实。学生有自己的宇宙,教师的内心也拥有自己的宇宙。教育中最重要的关系是师生关系,是教师精神宇宙与学生精神宇宙交融与转化的关系,是双向滋养、双向构建的关系,是互动交流、教学相长的关系。教师的专业发展,归根结底是教师自身的事情,不是任何一个外在于教师的领导、专家和培训机构的事情。教师认识自身精神宇宙的基本方式是阅读,在阅读学生的宇宙中阅读自身,在对外部一切与教育有关的有字之书与无字之书的阅读中返回自身精神宇宙。

从《教育常识》到《做有生命感的教育者》,再到《重建教师的精神宇宙》,李政涛教授的教育思想、教育实践成为引领我成长的明灯。重建精神宇宙,从自我做起,从今天做起!

第五节　"大自然"教育观引领下的生态式教育

作为一名小学校长,我时刻在思索如何办理想的教育,如何"造就全面和谐发展的人"。苏霍姆林斯基的帕夫雷什中学,无疑是教育的理想国,那些在科学理念指导下的丰富教育教学实践,是名副其实的"活教育学",直到今天,依然闪耀着思想的光芒,散发着智慧的芬芳,仍然是我们努力的方向。我多次捧读《帕夫雷什中学》这本书,对苏霍姆林斯基的"大自然"教育观印象尤为深刻,并在晓望小学培育优良教育生态的实践中努力践行。

一、大自然是知识的最重要源泉,也是思维的主要源泉

学校教育的目的之一是增长学生的知识,并在此过程中发展学生的思维。长期以来,受应试教育思想的影响,许多教师更多地关注学生"套装知识"的

掌握和应试技能的提高，忽视了学生思维、智力的发展，正像书中所说："我们一旦忘了知识的最重要的源泉——周围世界、大自然，便会逼着孩子们去死记硬背，从而使他们的思维迟钝起来。"苏霍姆林斯基认为："大自然以及它无限的丰富性和多样性，是思维的主要源泉，是发展智力才能的主要学校。"他"开始一课接一课地把孩子们领到永远常新的、取之不尽的知识源泉——大自然中去，到果园、森林、河边、田野去""开始把在大自然环境中上课叫作到生动思想的源头去旅游"。他上的课首先都是思维课，让学生把使用的词和词组跟大自然中鲜明的表象以及周围世界的事物发生联系，从周围世界中寻找因果关系加以论述，把"善于教孩子们思考的本领"作为无限美好的教育境界。

为了构建优良的教育生态，晓望小学致力于实施生态课程和打造生态课堂，以课程表达对学生全面发展的关注，以课程的多样化和课堂的高效性促进学生健康成长。在此过程中，我们立足本土资源，开发校本课程，先后开发了《走进青岛崂山》《海洋世界》《走进非物质文化》等校本教材，包括以崂山为主题的"崂山故事""崂山海产""崂山特产"和"崂山风景"系列，以大自然为背景的"百花""百草""百树"和"百果"系列，获得青岛市优秀校本课程评选一等奖。

学科教学注重开发生活资源，努力让大自然成为学生学习的广阔背景。以语文学科为例，晓望小学承担着中国教育学会"十二五"科研课题——"小学语文教学资源的开发与利用研究"研究任务，教师们在教学中能够把学生生活中生成的话题、现实世界中生成的资源及时引入课堂，使语文教学保持鲜活、生动。为了密切教学与生活、与大自然的联系，教师们设计了《看广告，学语文》《魅力家乡》《我爱崂山茶》《走进水世界》等教学内容，还精心设计了新闻袋袋裤，"行万里路读万卷书"积累卡，定期让学生听记新闻、记录自己外出时的所见所闻。

晓望小学广泛开展研究性学习和社会实践活动，以课题探究的学习方式，引导学生从生活与实践中自主选题、主动探究。学生先后选取了"崂山茶的研究""海洋世界""预防自然灾害""走进昆虫世界""家乡巨变"等课题，通过访问、查阅书籍、上网等途径自主探究，形成了研究性学习报告、小论文，获得了课本上得不到的知识与丰富体验。晓望小学学生的小课题研究《海洋环境污染与保护》获得了青岛市中小学生研究性学习一等奖；六年级刘萱同学的文章

《嫉妒的小丑鱼》发表于《海底世界》杂志；学校环保小记者站的林文婷等三位同学的文章在国家级刊物《环境教育》上发表。

二、大自然是实施德育、体育、劳动教育的广阔天地

帕夫雷什中学的学生是幸运的，是让人羡慕的，因为他们的成长从来没有被束缚于狭小的教室内。他们七八岁时就开始种植果树，十二三岁就能看到亲手建成的果园；他们八九岁时开始参加旅行行军，每次行军时都有必须学会的技能项目单和知识性目的，年龄越大行军里程随之加长；他们有春天的"花节""鸟节"，有堆砌雪城的冬节，有春秋两季的"果园周"，有"首捆庄稼节"……他们的生活因为亲近大自然而丰富多彩、充满活力。

为了培养学生热爱大自然、热爱家乡的情感，晓望小学把深化生态环境教育、建设生态美丽校园作为办学目标之一，把争创国际生态学校绿旗作为重点、亮点工作来抓。晓望小学建起了集雨樽、校园气象站、太阳能路灯等环保设施，设置环保长廊、海洋生态教育长廊等，按照创建国际生态学校七步法要求，与课程建立联系，开展垃圾减量、节能减排等活动，组织全体教师、学生参与制定并最终形成晓望小学生态规章，让节约资源、保护环境意识深入师生脑海。

晓望小学环保小队队员定期到附近的仰口风景区、二龙山风景区开展"环保美容"、拾捡白色垃圾活动，用实际行动使周围的环境变得更美。晓望小学每年夏天都要组织师生到仰口沙滩清理浒苔，还带领学生参观青岛极地海洋世界、海军军事博物馆、中国海洋大学海权教育馆等，组织了清明节远足、参观跨海大桥和动物园等活动，带领学生走进"二月二农场"、鹤山果园进行劳动实践。学生走进大自然这一广阔的天地，在活动中观察、思考、实践，眼界得到开阔，能力得到提高，思想得到升华，教育在潜移默化中发生。

三、大自然是进行美育的天然教室

对真、善、美的追求是古今中外人们的共同追求。一切使人感受美、欣赏美、表现美、创造美从而让人心灵美、让周围世界更美的活动都可以称之为美育。从这个角度说，帕夫雷什中学实施的是广义的美育，"从学校教育的最初日子起就教孩子去理解周围世界、大自然和社会关系中的美""孩子在他学校生活的第一个秋季都要在森林、田野和草场上度过从清晨到夜晚的一个整日"

"巡游美的世界——游览、远足、观察和研究自然现象等活动,在我们的美育手段中起着重要作用"。在学校教师的引领下,帕夫雷什中学的学生看到了绚烂美丽的海上日出、隐约闪烁的星辰、晴空飞翔的雁群……听到了春日小溪的潺潺流水、夏日果园的嗡嗡蜂鸣、秋日树叶的飒飒低语……在感知绘画、音乐作品时同样重视大自然的作用,唤起学生"一次次再去接触大自然、感受和体验美的愿望"。学生的心灵触及周围世界存在的一切美好事物,必将逐渐变得高尚。

大自然是陶冶情操、提高学生审美素养的天然教室。晓望小学的美育工作依托崂山得天独厚的自然环境,把美育渗透到教育教学的全过程,致力于塑造美的环境、美的语言、美的行为、美的心灵。晓望小学组织了"校园探春"摄影大赛、"我和小树同成长"护绿认养活动等主题活动,成立了多个艺术社团,舞蹈、剪纸、绘画、书法等社团每周进行活动。贝雕工艺小组的学生利用崂山当地的海贝、海螺等,创造了一幅幅精美的贝雕、沙雕作品。舞蹈团的队员在舞蹈老师的指导下,取材于大自然的舞蹈《狼图腾》《草原英魂》《红灯笼》《旋旋旋》《喜鹊喳喳喳》连续五年获得青岛市艺术节一等奖。

每次捧读《帕夫雷什中学》,苏霍姆林斯基对"大自然"的教育观和其丰富鲜活的实践,都让我感到震撼。虽然大的教育环境有所不同,我们可能很难达到那样的高度,但努力让学生更多地走进大自然,密切大自然与学生学习、生活的联系,让大自然成为学生广阔的成长背景,应该是教育工作者的重要追求之一。

第六节　让教育回归自然

读了黄武雄教授的《学校在窗外》,一扇启迪智慧、指点迷津的窗户缓缓开启。作者回归教育原点的思考,深刻剖析了学校教育的现状,为教育工作者反思教育教学、遵循教育规律、站在育人的高度教书指明了方向。

一、让学校成为孩子生活、学习、成长的幸福家园

《学校在窗外》这本书是以"孩子为什么去学校"这个追问为引线的,作者的答案是"为了打开经验世界与发展抽象能力,以便与世界真正联结"。借苏格拉底和安底思的问答,谈到台湾地区教育的一些现状,如"学校的首要任务是依靠权威和说教驯化;教育机器在复制人的脑袋;把教操作性知识作为目的;学校依靠多如牛毛的规定维持集体秩序"等,多次提到"学校教育纯粹传授套装知识,过分推崇套装知识的地位是今日教育出错的主要症结"。

黄教授的观点为我们的教育实践提供了不一样的反思视角。学校的意义是为学生搭建更好地与世界联结的桥梁,更好地让学生主动建构自己的经验,发展抽象能力。中小学教育更为重要的是激发学生想象力、保护好奇心,释放学生的心智,由此我想到晓望小学的办学实践。几年来,晓望小学遵循"让每个孩子扬起希望的风帆,让每位教师体验教育的趣味"的办学理念,依托多元课程,以课程表达对学生全面健康发展的关注,以课程的多样化实现学校的多样化发展,构建以基础型课程、拓展型课程、活动型课程组成的生态课程体系。基础型课程以"开齐开足、减负增效、夯实基础、提高质量"为重点;拓展型课程有环保教育、海洋教育、科技教育、心理健康教育、安全教育、经典诵读、螳螂拳武术操等课程;活动型课程主要是学生的社团活动,每周三下午设置"七彩学堂",剪纸、乒乓球、电声乐队、口风琴团、舞蹈团、合唱团、毛线画、贝雕、书法、美术、茶艺表演、经典阅读等二十余项课程同时开课,活动成果在庆祝六一儿童节大会暨艺术节开幕式上进行全面展示。晓望小学还组织了系列校园冠军比赛,包括古诗文诵读、口算、英语单词、跳绳、电脑打字等,每一次比赛都提前制定比赛规则,至少给学生一个月的准备时间,在班级内面向所有同学选拔,让每位少先队员经历活动的过程并得到锻炼和提高。晓望小学每年组织隆重的体育节、艺术节、读书节、科技节和丰富的校内外实践活动。我们努力把每一次活动都做成课程,为学生搭建锻炼展示的平台、发展成长的舞台,让学生的学校生活自然、丰富、生动、有意义。

黄教授的思考对我们提出了更高的要求。作者认为:"如果说学校教育还有第三件事该做,那么这第三件事便是留白;留更多的时间与空间,让学生去创造、去互动、去冥思、去幻想、去尝试错误、去表达自己、去做各种创作:编舞、搞

剧场、玩乐园、打球、办社团,让他们自由的运用时间与空间。"这对于培养学生的想象力、发展创造力具有重要的意义。只有重视个体发展,重视个别差异,减少对学生束缚与压力,让学生更自主、快乐地发展、更自然地成长,才能把学校建设成学生成长的乐园、幸福的家园!

二、做启迪智慧、引领成长、放飞心灵的好教师

对于什么样的教师是好教师,黄教授借苏格拉底和安底思的问答给出了自己的观点——"好教师有两种,第一种是那些可以引导学生入门,并让他一头栽入学问之中的教师;第二种好教师,则能循循善诱,不告诉学生答案,只提出问题,一步步引导学生去解决他内心疑惑的事"。

新课程改革以来,在"一切为了孩子发展"的理念引领下,教师的教学方式发生了明显变化,一言堂、填鸭式的教学被摒弃,课堂上能充分体现学生的主体地位,发挥学生的主动性,尊重学生的提问与多元理解,鼓励发散性思维,创设民主、平等、和谐的氛围。把课堂还给学生,更多地引导学生采取自主、合作、探究的学习方式,成为越来越多教师的共识。但是黄教授的观点值得我们进一步反思教学实践,进一步转变教学观念。"学科教师应该做的是这四件事:提出问题,指出方向;提供阅读材料;经营讨论及解惑;与孩子做朋友""让学生忘情地投入学问,前提必须是先给学生自由,给学生时间与空间""考试不易检验出人的深度的抽象能力,却能有效检验出人对操作知识是否纯熟演练"……由此,我们的语文课上的阅读教学,目的绝不是教着学生学会如何做阅读短文题目(教操作性知识),而是让学生学会阅读,享受阅读,在阅读中积累,在阅读中增长见识,在阅读中增强语感,提高理解与运用祖国语言文字的能力,充实自己的心灵。我们的数学课,同样不是教学生现成的公式、定律用以做题考高分,而是让学生参与了解、探究知识的形成过程,发展学生的思维,引导学生发现生活中的数学,利用数学知识解决生活中的问题,让学生自己发现数学的规律。正像黄教授所说的那样:"表面上教的是操作性的知识,事实上,它的目的在于经由这些操作,逐步累积去培养抽象能力。"只教操作性知识,学生可以考高分,但是失去的是想象力、创造力,是与现实脱离的,无法真正实现与世界联结。因此,教师的价值越来越少地体现于传授知识,越来越多地体现于启迪智慧、完善人格、引领成长,让学生学习知识过程同时成为学生发展智力、增长能力、提高

素养的过程。

回归教育原点的思考,让教育回归自然,更接近教育的客观规律。正如本书的题目,或许,学校教育应该多开几扇融入真实世界的窗户,让学生更好地与世界联结;或许,教师应在主流思维之外,给予学生另一扇窗户,让学生望向世界。

第七节　新加坡国际科普剧大赛参赛杂记

2016 年 6 月 3—6 日,我带领崂山区晓望小学学生参加了第二届国际科学表演大赛。本次大赛在新加坡科学馆举行,来自中国、新加坡、菲律宾和马来西亚四国的十支代表队进行了科普剧、科学秀表演及比赛。晓望小学学生表演的科学剧《贝贝婉儿拉勾勾》,将科学知识融于舞台表演,突出了科学种田、保护环境的主题,得到了国际评委和观众的好评,最终荣获国际科学剧大赛冠军!本次大赛还从所有参赛人员中评出了四个杰出表演奖,晓望小学的何水艺同学获得这一殊荣!

应该说获得国际科普剧比赛冠军这一成绩是来之不易的。为了迎接这次比赛,晓望小学参与比赛的干部教师精心编写剧本,先后六易其稿,加班加点,反复排练。还聘请了青岛市知名专家多次到校指导,对音乐、服装、道具等也是精益求精,不惜财力。最终孩子们呈现了一幕完整、精彩的科普剧,剧中的三个角色给观众留下了深刻的印象,科普剧最后的情节是晓望小学的孩子邀请来自世界各地的孩子一起拉勾勾,共同保护环境,得到了热烈的响应。反观其他国家的一些科普剧,孩子们的表演相对自由,内容相对浅显,但也更贴近生活。当然也有比较高大上的表演。由此我想到我们国家参加奥运会的情况,层层选拔运动员进入国家队,终年集训,为的就是拿金牌,为国争光。而国外很多运动员是基于自己的兴趣爱好,在做好本职工作的同时自发参与训练,当然也有很多职业运动员,按照职业化的要求参加竞技体育,向着更高、更快、更强的目标努力。这是文化的差异性表现。

　　比赛结束后，大会安排了一个游戏环节，当主持人刚宣布完比赛规则后，会场的外国小朋友就像炸锅了一样，他们急不可耐地分组、讨论，到处邀请来自不同地区的伙伴加入，兴致勃勃地参与到游戏中。相对而言，我们的孩子显得更加文静。过后我问了参赛的高文泽同学一个问题："你觉得这些外国小朋友与我们有什么不同？"高文泽的回答简练而到位："他们更放得开。"孩子也会观察，也会思考，也会比较啊！更让我感受到文化差异的是宣布比赛结果的环节。主持人宣布成绩时是从成绩较低的代表队开始的。但是不论宣布的成绩好与坏，获得这一成绩的外国代表队的孩子总会欢呼雀跃，那种高兴劲儿一点儿也不比获得冠军差。也许他们认为只要参与了就行，只要获奖了就好，至于获得了什么奖，无所谓。过高的期待往往带来过低的情绪体验。我想教育还是应该减少一点功利性，更应该强调重视过程、重在参与，只要在参与的过程中有所体验、有所感悟、有所收获，那就实现参赛的目的了。

　　比赛主办方还安排了参观新加坡国立大学、滨海湾花园、动物园等，可能是出于让参赛的孩子开阔眼界的考虑。无论哪里，都是那样干净、整洁、有序，城市的规划布局让人感觉很舒服。在参观新加坡植物园、动物园的过程中，一位当地人的话让我印象深刻。他说："很多新加坡人都是没有薪水的警察。如果我发现有人乱倒垃圾，污染环境，我会立刻打电话给警察。如果我发现路边有一堆垃圾，我也会给相关部门打电话，他们会立刻进行处理。"由此可见，新加坡的社会管理不是强制性的，而是变为每一位公民自觉的行为，他们容忍不了生活的环境中出现垃圾，容忍不了违背法律、规则的现象出现，这是一个社会高度文明进步的体现。我想，一开始肯定会有严格的法律、规定，并且得到了有效的执行，慢慢地，社会的每个成员养成了自觉性，素质不断提高，陋习不断减少，造就了新加坡干净整洁的市容。处于这种环境中的成员会更加自觉地维护这些规则。对一个国家来说，健全法律法规并得到严格执行，是非常重要的。国民素质的提升需要教育做出贡献，当我们的下一代成长起来的时候，他们的环保意识、可持续发展意识、规则意识、作为公民的责任意识应该更强，否则就是教育失败的表现之一。教育关系到一个民族的未来，担负着提高国民素质的重要使命，作为教育工作者，我们任重而道远！

第八节　一个都不少的精彩才是真正的精彩

——举行六一儿童节庆祝活动有感

在多年的办学实践中,我非常重视六一儿童节的庆祝活动,主要基于两点考虑:一是借庆祝活动向社会全面展示一年来的办学成果,因为每年各级领导、社会各界都会到校看望孩子;二是给班级、给学生们搭建一个锻炼展示的舞台,丰富学生们的校园生活,并通过表彰奖励让更多的学生获得成功的体验。相对而言,每年六一节庆祝活动的形式、流程基本是固定的:校长总结、办学社区领导讲话、优秀少先队员表彰,之后是各班级排练的节目会演。

近些年也有一种不同的声音,有些人认为儿童节应该让每一个孩子高高兴兴的,排练节目太累,不能孩子过节还要演节目给成人看,不能只有少数孩子在演出等。应该说这些不同的声音也有一定的道理。但是作为学校的一项传统活动,庆祝六一活动有其独特的价值,通过隆重的集会表彰先进,呈现学习成果,让参与演出的孩子得到锻炼,兴趣特长得以培养等。到底该如何组织庆祝活动,如何推陈出新,使六一节庆祝活动既有意义,又让每个孩子快乐?为此,晓望小学召开了专题会议进行讨论,最终确定了六一节庆祝活动的几点意见。

第一,完善评价激励机制,扩大表彰范围。除了表彰15%的优秀少先队员、优秀队干部外,另外评选校园之星,从健康之星、智慧之星、文明之星、艺术之星、创造之星等方面进行评价,校园之星在学校宣传栏中展示。

第二,全员参与演出,改变少数学生演、多数学生看的现象。要求每个班级、每一个学生都要上台参与演出,集体演出以班级合唱、经典诵读等为主。

第三,邀请家长参与活动庆祝。发挥班级家委会的作用,从班级庆祝方案的确定,到参与亲子演出,家长全程参与。

第四,向每一个学生赠送六一节礼物,结合学校花样跳绳活动的开展,给每一个学生发一根跳绳。

因为学校阶梯教室只有300人的座位,全体学生、家长都参加肯定容纳不了,所以庆祝六一活动分为低、中、高年级三个专场进行。方案确定以后,各班进行筹备。由于全体参与，我们非常担心节目质量保证不了。然而随着三场庆祝活动的依次进行，我被深深地震撼了。在班级家委会的支持下，每个班级统一服装，各具特色，班级合唱内容选取了《我相信》《红星歌》《春天在哪里》等，经典诵读内容包括《笠翁对韵》《长征》《月光启蒙》《大江保卫战》等，内容涵盖传统美德教育、革命传统教育、感恩亲情教育、励志教育等，每一个节目都可以被称为精品，整台节目异彩纷呈，舞台演出效果精彩，而且这些节目内容自然天成，构成了一节生动的、富有教育意义的课程。五年级全体同学穿着整齐的红军服装合唱《红星歌》、诵读《长征》，将毛主席的七律《长征》和长征途中的感人事件作为诵读内容，让在场的老教师、老领导眼含热泪；六年级二班的诗歌朗诵《明天我们毕业》催人泪下，激发了全体同学热爱母校、感恩母校的情感；即将参加新加坡国际科学剧大赛的舞台剧《贝贝婉儿拉勾勾》穿越时光隧道，以科学给人们启迪……现场不时爆发出阵阵热烈的掌声！

当六年级二班上台演出时，我看到了俊俊同学，他是一个很特殊的学生，学习成绩很差，行动起来身体很不协调。他们班级表演的节目是《明天我们毕业》，俊俊排在队伍的中间，他一直在很努力地诵读，其中有一个全班同学一起挥臂的动作，俊俊挥臂的方向明显和别的学生不同，但他的脸上同样绽放着羞涩又灿烂的笑容。对他来说，这样登台演出的体验一定会终生难忘。

演出结束后，晓望社区的书记满含深情地对我说："我很感动，没想到孩子们的演出这样精彩，所有孩子一起参与，真正体现了晓望小学办学的水平，你们辛苦了！"

这次庆祝六一活动让我深有感触。对学校教育来说，一个都不少的精彩才是真正的精彩，每一名学生都是学校的主人，都应该有快乐展示的机会。同时，要相信班主任，相信学生们，相信学生家长，人的潜力是无限的，只要给予信任，就会收获精彩。另外，我还想到了"创新"这个词，也许，教育工作中的创新不需要颠覆式的从头再来，有时候，创新就是在传承的基础上做出有利于学生发展成长的一点点改变！

附 录

中国教育学会"十二五"教育科研课题结题报告

立体化开发资源,为小学语文教学注入源头活水
——《小学语文教学资源的开发与利用研究》结题报告

于新良

自新课程改革以来,在短短的几年内,课程资源成为一个特别受关注的研究热点话题。小学语文作为母语教学学科,其教学资源的开发与利用空间是巨大的,需要在教学实践中不断探索与发展。经过几年的课题研究,我们着眼于学生语文素养的全面提高,探讨了各类小学语文教学资源的开发与利用的策略,对大量的教学案例进行了反思,努力打造小学语文高效课堂、生命课堂、智慧课堂,努力建设开放而有活力的语文课程。

一、课题研究的背景

(一)新课程改革提出新的课程观、教师观

新课程的基本理念之一就是要破除书本知识的桎梏,构筑具有生活意义的课程体系。而国家、地方、学校三级课程体系的建立,为课程资源的开发提供了政策的保障与实践的导向。过去,一谈到课程资源,我们往往理解为"课本、课

文"，而新课程的教学资源，不再仅仅是教材、课文，还包括学生生活中所能接触到的一切，网络是资源，图书是资源，游戏、活动是资源，自然、社区都有语文教学的资源。《语文课程标准》明确指出："语文是母语教育课程，学习资源和实践机会无处不在，无时不有，因而，应该让学生更多地直接接触语文材料，在大量的语文实践中掌握运用语文的规律"，要求"语文教师应高度重视课程资源的开发与利用，创造性地开展各类活动，增强学生在各种场合学语文、用语文的意识，多方面提高学生的语文能力"。这样，课程实施过程中，教师不再是被动的忠实执行者，不再是教材的传声筒，而是能动的开发者、思考者。教师在教学过程中不仅要成为学习资源的开发者，而且要不断捕捉、判断、利用课堂上生成的资源，成为课堂教学过程中生成资源的重组者。

（二）反思小学语文教学实践中存在的问题，我们需要加强教学资源的生成、开发与利用的研究

作为我国的母语教学课程，小学语文应该是最贴近学生生活、最与学生的成长快乐相伴的。然而调查发现，学生的语文学习却遗憾地存在着以下几种现象。① 学生学习语文的兴趣比较低。② 语文学习有与学生生活脱离的现象。③ 学生读书较少，读书习惯较差。④ 学生学习效率低，理解、运用语言文字的能力较弱。

反思其原因，主要是语文教育资源没得到有效开发，对生成的资源应用不够，语文课堂缺乏必要的资源依托，语文教学往往围绕应试进行，以教材为中心，课堂上信息量少，机械、重复、无效劳动多，有时甚至巩固旧知的时间超过了学习新知的时间，不符合学生学习规律和身心发展规律，致使学生的学习单调、乏味、收获甚少。这些现象要求我们的语文教学更加开放，更加充实，更有活力。

二、课题文献分析

（一）关于语文课程资源

语文课程资源种类是多样的。杜威在《儿童与课程》中曾提出："如果从课程资源存在的空间看，课程资源可分为学校资源、社会资源和家庭资源，其中知识、学生和教师又是学校资源中最积极的主导要素。"徐继存、段兆兵、陈琼

（2001）从不同的角度、标准和根据，将语文资源分为校内语文课程资源和校外语文课程资源，自然课程资源和社会课程资源，文字资源、实物资源、活动资源和信息化资源，显形语文课程资源和隐形语文课程资源。关于语文课程资源的利用，李全华（2003）总结了四个方面：充分利用人文精神，使语文课向着更健康的方向发展；充分利用学校语文课程资源，把语文课上活；充分利用社会和家庭资源，使语文走向生活；充分利用大自然这本活的教科书，开发和培养学生的写作能力。

综合以上观点，小学语文教学资源可以说是取之不尽、用之不竭，语文教师应该树立社会处处是课程、生活处处有资源的大语文教学观。

（二）关于语文与生活资源的关系

陶行知认为，生活即教育，"过什么生活便是受什么教育""生活教育是生活所原有、生活所自营、生活所必需的教育"。他批评旧教育"先生教书死、死教书，学生是读死书、死读书、读书死"，他认为在社会生活中"随手抓来都是活书，都是学问，都是本领""我们要以生活为中心的教学指导，不要以文字为中心的教科书"。

华东师范大学的倪文锦教授在《新课程的价值追求与语文教学的转型》中说，新课程的价值追求是"回归生活：在生活世界中学会生存。要突破狭隘的学校课程的疆域；寻求学校课程、家庭课程、社区课程之间的内在整合与相互作用；课程的整合、课程学习的生活化情境、生活资源进入课程；课程资源来源于生活，贴近学生的生活"。

关于"学校教育回归生活"的讨论概括起来，主要有三种意见：一是"学校教育回归生活已是大势所趋"；二是"学校教育不应完全生活化"；三是学校教育源于生活但又高于生活。【详见2005年3月29日《中国教育报》第12版】

我们的观点是：教育源于生活，又要高于生活。小学语文教师要做的就是密切语文学习与生活的联系，让学生在生活中学习、运用语言文字，通过语文教学提高听说读写的能力。

（三）关于课堂教学的生成性

新课改以来，关于课堂教学生成与预设的案例非常多，但缺少系统的研究。叶澜教授的话或许能给我们一些启示。她认为："课堂应是向未来方向挺进的旅程,随时都有可能发生意外的通道和美丽的园景,而不是一切都必须遵循固定线路而没有激情的行程。""要把教学过程看作师生为实现教学任务和目的,围绕教学内容,共同参与,通过对话、沟通和合作活动,产生交互影响,以动态生成的方式推进教学活动的过程。"

能否利用好课堂教学的生成性资源实际上是一种教学机智。钟启泉在《教学机智论》中这样论述:"教学机智在课堂教学中的运用主要体现在对课堂偶发事件的处理上。课堂偶发事件中既有不利于正常教学的一面,也有有利于正常教学的一面。尽管如此,只要掌握教学机智的运用策略,就能使偶发事件经过教师及时、巧妙、灵活的处理,对教学起到烘托、补充和增效的作用。"

我们认为,对课堂教学过程中生成性资源的利用,体现了以学生为主体的教学观,关注生成本质上是教学过程中对学生的关注。实际上,预设正是对教材资源、学生资源的开发,而生成也是对教学资源的捕捉与利用。

另外,全国各地关于大语文、大阅读教学的研究很多,现在读书正成为全国性的活动。因此,小学生阅读资源的开发显得越来越重要。

三、课题核心概念的界定

(一) 教学资源

教学资源指一切可以利用于教育、教学的物质条件、自然条件、社会条件以及媒体条件,是教学材料与信息的来源。通俗地说,是指一切可以帮助学生达成学习目标的显性的或隐性的、可以为学生的学习服务的教学组成要素。

教学资源通常包括教材、案例、影视、图片、课件等,也包括教具、基础设施等,教师和学生也是重要的教学资源。教学资源还可以包括教学资料、支持系统、教学环境等组成部分。教学资料包括纸质资料和信息化教学资料。教学环境不只是指教学过程发生的地点,更重要的是指学习者与教学材料、支持系统之间在进行交流的过程中所形成的氛围,是学习者运用资源开展学习的具体情境。

(二) 小学语文教学资源的开发与利用

小学语文教学资源开发与利用是指从教育技术的角度,研究如何对与小学生学习语文有关的过程和资源进行设计、开发、运用、管理和评价的理论和实践。

四、课题研究的目标和内容

本课题以提高语文教学的有效性,使学生快乐学习语文、学会学习语文,全面提高学生的语文素养为研究目标,以语文教学资源的开发、生成与利用研究为切入点,努力寻求小学语文课堂有效的资源支撑,探索语文向自然、向社会、向现实生活开放,探索充分开发生成、合理利用资源的语文教学策略。

具体研究内容为教材资源开发与利用、生活资源开发与利用、读书资源开发与利用、小学语文课堂生成资源的开发与利用。

五、课题研究的方法

(一) 行动研究法

针对小学语文教育实践中资源的开发与利用,进行教学实践和教学反思,组织教学研讨会,邀请专家指导,加强校本研修,探索科学有效的资源开发与利用策略,不断提高研究水平。

(二) 案例分析法

课题研究过程中一线的实验教师生成了大量生动的案例,通过对这些案例进行剖析,从正反两方面总结反思,对如何处理各种教学因素之间的关系、合理把握资源开发与利用的"度"提供借鉴。

(三) 文献资料法

收集国内外相关的文献资料,学习先进的教育理念和实践经验,使课题研究的内涵和外延更丰富、更科学。

六、课题研究的原则

(一) 主体性原则

在小学语文教学中,教师是学习活动的组织者和引导者,学生是学习的主体。在课程资源的开发与利用活动中,教师要善于将课程资源开发的过程转化为学生学习和发展的过程,更多地关注学生的兴趣、学生间的差异、学生参与面及参与程度,着眼于学生的最近发展区,并在活动中指导学生学会并且愿意分享学习收获。

(二) 就近性原则

《小学语文新课程标准》指出:"各地区都蕴藏着自然、社会、人文等多种语文课程资源。在开发与利用语文课程资源时,应遵循就近原则。教师、学生选择的活动、学习内容应是大家看得见、摸得着、听得到的。师生有资料可寻查、有经验可调动、有平台可交流。"

(三) 共创性原则

师生双方在教学资源的开发与利用过程中都具有主动性和创造性。若是学生发起的话题,教师应进行提升拓展;若是教师引领参与,教师不仅应当激发学生兴趣,更应该在活动中和学生互动。重视学生主动积极地参与,特别注重探索和研究的过程。

(四) 有效性原则

工具性与人文性的统一,是语文课程的基本特点。在语文教学过程中,工具性与人文性的统一是互补的、动态的。因此,在教学资源的选择上,应该注重其功能性。学生或能习得方法,或能加深体验,或二者兼得。此外,还应注重学生发展,让每一名学生都能在活动中真正受益。

七、课题研究的主要实践与认识

(一) 教材资源开发与利用

教材本身的资源是最基本的资源,不能有忽视教材本身资源、片面强调课外资源的倾向,应该充分尊重并发挥经专家精选精编的教材的作用。教材资源开发一是研读教材、立体化解读文本的问题,二是教材延伸的问题。

关于立体化解读文本,我们的主要策略是:寻找题眼或贯穿始终的主线,层层深入解读文本;研读意蕴丰富的重点句段,体会言外之意与深层含义;关注独特的表达方式,寻找读写、读说结合点;树立学法指导意识,提高学生自主阅读能力;把握朗读的训练点,提高有感情朗读的水平;抓住"陌生化的语言",咬文嚼字,培养语言的敏感。

如教师在教学《装满昆虫的衣袋》时,设计了几个问题:为了找到那只会唱歌的虫子,法布尔用了三天的时间,他可能遇到哪些困难?法布尔把鸭子赶进水塘后,趴在岸上看他的生物世界,他都看到了什么？通过这样的提问,引导学生读出文字背后的内容。

再如在《生命的壮歌》一文的教学中,教师为使学生的情感上升,设计了一个写话练习:老羚羊,我想对你说;年轻羚羊,我想对你说;猎人们,我想对你说。学生有的对老羚羊说:"你真是太伟大了！"有的对年轻的羚羊说:"你们的生命是老羚羊用自己的生命换来的,一定要珍惜。"有的对猎人说:"你们不要再捕捉羚羊了,要不是你们,就不会有这样的事发生。"……时间不知不觉从笔尖流过,人性的光芒在每一个幼小的心灵里悄悄绽放。学生联系实际说出了自己的想法,将课文的情感转化为自己的情感,并从中受到了教育和启迪,把课堂教学推向高潮。

在此基础上,我们努力构建课内精读感悟、课外拓展广读的开放式大阅读教学,精读模范文,推荐应读文,引导自读文。如在学习了毛泽东的《卜算子·咏梅》之后,教师布置了搜集、朗读、背诵毛泽东诗词的任务,在以后的几天里,教室里竟掀起一股"毛泽东诗词热",学生们都以搜集、背诵更多的毛泽东诗词为荣。在"毛泽东诗词诵读会"上,大部分学生能够有感情地背诵《清平乐·六盘山》《忆秦娥·娄山关》等十几首词,有的甚至能够入情入境地背诵《沁园春·雪》等。在学习了《装满昆虫的衣袋》《猴王出世》几篇课文后,《昆虫记》《西游记》等又成为学生争相传阅的"新宠",虽然他们大都只注重故事的情节,但已经开始领略经典文学作品,开始为语文素养的积淀奠定基础。

(二) 生活资源开发与利用

陶行知的生活教育理论指出,生活即教育,教育即生活。把学生生活中生成的话题、现实世界中生成的资源及时引入课堂,就会增强语文与生活、与时代的联系。季节的变迁、重大社会活动、节日文化等都可以及时进入语文资源开发的视野,使语文教学保持鲜活、生动。我们主动为学生创造学习资源,突破教师和课堂的限制,通过社区服务、研究性学习等,开展与生活各个领域联系更为密切的读、写、听、说的实践,使学生在活动中增长学习语文、运用语文的本领。

每学期我们都要组织以感恩为主题的体验活动,让学生以一颗感恩的心,观察身边的人物,写下自己感动的瞬间。学生分别从感恩亲人、感恩老师、感恩同学、感恩陌生人等不同的角度,写下了自己的所看所想。在感恩母亲的作文中，一名学生写"妈妈的脚真瘦啊，脚背隆起的血管清晰可见，右脚掌前的两个硬茧子被水一泡，可以一层层地剥下茧皮。透过厚厚的硬茧，仿佛看见妈妈为了这个家庭四处奔走"。另一位同学写道："我举着伞，紧紧伏在妈妈的背上，妈妈在风雨中深一脚、浅一脚地往前走，她还说'把伞往后打，要不然淋湿了你的背'。"这样的体验活动，既让学生找到了习作的感觉，又使学生受到一次心灵的洗礼，升华了学生的情感。

每年秋天来临时，教师会让学生写《秋天的叶子》等作文；母亲节来临时，让学生交流听到、看到的关于优秀母亲的事例，同时写自己的母亲。记得 2008 年的第一场雪来临时，看着学生们一张张兴奋不已的脸，教师调整了教学计划，让学生走进雪中尽情地感受与体验，20 分钟的时间，学生满脸通红地回到座位。"同学们眼中的雪与别人肯定是不一样的，请用语言把自己心中的美景展示出来。"单看学生的作文题目就可以想象作文的精彩程度——《小雪花旅行记》《雪精灵》《雪 Party》……学生在真实的雪景中，从不同角度发挥自己的想象进行描绘，精彩在教学内容的生成中出现了。

在生活资源开发的过程中，教师们设计了《看广告，学语文》《魅力家乡》《我爱崂山茶》《走进古诗园》《走进水世界》等教学内容。我们还精心设计了新闻袋袋裤、"行万里路读万卷书"积累卡，定期让学生听记新闻、记录自己外出时的所见所闻，密切语文与生活的关系，培养学生从小关心天下大事、留心周围事物的意识与习惯，引导学生开阔眼界、提升境界。我们还开辟了课前积累 3 分钟，每个班级有自己的特色，有的轮流讲成语故事，有的每日背诵一句名言，有的每天读一篇优美的短文。一年坚持下来，学生的语言积累厚实了，语文能力提高了，而且综合素质也有了明显提高。

广泛开展语文研究性学习和社会实践活动。深入开展了"三个一"活动：每一名学生一本练字本、一本读书笔记、一本古诗文卡。每学期举行优秀古诗文背诵比赛，每天设置 15 分钟练字时间。以课题探究的学习方式，引导学生从生活与实践中自主选题、主动探究。学生先后选取了"崂山茶的研究""海洋世界""诚信教育""中国航天""牵手奥运""预防自然灾害""走进三国""走进昆虫世界"等课题，通过访问、查阅书籍、上网等途径自主探究，形成了研究性学习报告、小论文，获得了课本上得不到的知识与丰富体验，提高了学生提出问题、解决问题的能力。

（三）读书资源开发

苏霍姆林斯基曾说:"一所学校可以什么都没有,只要有了为教师和学生精神成长而准备的书,那就是学校了。"健康的书籍是人类文明的结晶,而阅读是人类学习的重要途径。读一本好书,就是和高尚的人进行一次对话。学生真正会学习,是从会读书开始的。对学生而言,现在正是读书的黄金时期,从小养成多读书、好读书、读好书的习惯,对于提高学生的语文及人文素养、对其终身的发展都将具有极其深远的影响。

为了营造书香校园,晓望小学制定了创建书香校园活动实施方案、书香班级和书香少年评选办法等,设置了洋溢着淡淡书香的读书区,规范了学生借阅图书制度,随时开放的师生阅览室、好书推荐和读书笔记专栏等让阅读与陶冶随时随地发生。每个班级设置了班级图书角、读书宣传栏,"献一本,读百本"活动使班级读书活动开展得有声有色。还深入开展了经典阅读、亲子共读、师生共读一本书、校园小主持人大赛等活动。连续两年组织了学校读书节,课本剧大赛、读书征文比赛、师生美文诵读、古诗文诵读等一系列活动将读书节不断推向高潮。晓望小学实施了教师阅读工程,要求教师坚持"三读":读教育名著,与大师对话;读文学、历史名篇,与经典对话;读教学刊物,学习优秀管理、教学经验。

晓望小学开发了校本教材《世界经典儿童文学作品精选》,其中有《小王子》《窗边的小豆豆》《夏洛的网》《热爱生命》《爱的教育》等世界名篇,学生读书兴趣非常高。之所以想到开发这本书,是因为在对学生课外阅读的调查中,我们发现在不同程度上还存在着以下几种读书现象:一是读书面窄,课本、作文选读得多,其他书籍读得少;二是浅阅读,读动漫作品等追求感官刺激的书多,读儿童文学作品少;三是读书少,动画片看得多。因此,引导学生多读书、读好书、读整本的书,依然是我们面临的课题。而且,儿童文学作品充分考虑儿童的理解能力和审美需要,贴近儿童的生活和心理,表达儿童的情感和愿望,具有儿童乐于体验、能够接受的审美情趣,呈现出其他文学作品所不具有的"清晰、明确、温和、美丽"(托尔斯泰)。而在这些作品中,更是有一些曾经深深感动过、滋养过一代又一代少年儿童的儿童文学经典作品。这些作品,不仅可以通过提高儿童的阅读、写作能力以发展儿童的语言能力,而且对于丰富儿童的心灵和情感、发展他们的想象能力和道德判断能力、培养孩子健全人格等都会起到重要的作用。精品的价值在于传世久远,经典的意义在于常读常新。我们希望此书成为学生们开阔阅读视野、培养阅读兴趣和良好的阅读习惯、提高阅读质量的凭借,学生们能够在经典阅读中增长见识、丰富体验并有所感悟。

扎实开展读书和古诗文诵读活动让低、中、高年级的学生能够熟练背诵课标要求背过的古诗和其他有代表性的宋词、唐诗,实验班的学生平均背诵的古诗均超过一百首。晓望小学还组织学生背诵了《三字经》《笠翁对韵》《论语》等,并将古文的背诵和识字、积累、中华传统美德教育结合起来,让学生从小"与经典同行,和圣贤为友",从古人的文化中汲取精华。

为更好地指导学生阅读,晓望小学设置了每周一节的课外阅读指导课。在阅读指导课上,读书成为主要的师生活动,课堂上有时只听到翻书的声音,有时指导方法,有时交流读书心得,有时写写读书笔记。我们还开展了书香少年评选、古诗文诵读达标等活动,对要求必读的书目进行检查落实,确保小学高年级至少完成 100 万字以上的课外阅读量。

(四) 课堂生成资源的开发与利用

我们尤其关注课堂教学的生成性,将之作为教学资源开发的重要内容。传统小学语文教学的优点之一是重视预设,教学内容讲究系统严密,教学过程追求环环相扣。但在以传授知识为主的教学观指导下,教师按部就班地照本宣科、刻板地执行教案,忽略了学生作为学习主体的发展需要与主观能动性,束缚了学生的手脚,阻碍了学生个性的全面发展和语文素养的提高。教学过程是一个动态的师生及各种因素相互作用的推进过程,它要比预定计划中的过程生动、活泼、丰富得多。再完美的教材,也涵盖不了无处不在、随时生成的语文学习资源;再高明的教师,也无法完全预料每一个学生在学习过程中的思维活动及遇到的问题。因此,语文教学的生成性因素,就成为语文教学新的血液、新的生长点。教师在教学过程中不仅要善于利用生成的学习资源,而且要不断捕捉、判断、利用课堂上生成的资源,成为课堂教学过程中生成资源的重组者。

对课堂教学生成资源的利用,我们做到了以下几点。

1. 牢记一个目标:全面提高语文素养,促进学生发展

2. 围绕两个方面:围绕达到教学目标、突破教学重点生成

3. 做到三个要求

(1)尊重学生,善于倾听。这是课堂互动生成的基础,只有尊重学生,学生才会畅所欲言,才会有生成的可能性。"对于我们的耳朵,不是缺少美,而是缺少倾听。"

（2）把握契机,灵敏捕捉。生成的灵感或许来自学生精彩的发言、独到的见解,或许来自学生小小的错误、不经意的一句话。只要善于捕捉,小小的"石子"就会激起学生思维的"千层浪"。

（3）从容驾驭,收放自如。面对课堂上的"意外"、学生的质疑,教师应不慌乱或恼怒,也不草草回答,而是将问题再次抛给学生,引导学生联系生活实际、联系文本共同解决,有探究价值的盘根问底、旁逸斜出的及时勒马、意犹未尽的课后探究,让生成服务于学习,服务于发展。

4. 把握五个生成点

（1）为鼓励质疑、深度探究而生成。学生的疑问是最好的生成点,学生的质疑往往是多角度探究的契机。学生提出的问题被教师所关注并成为学习伙伴共同解决的问题,对培养学生善于发现问题并提出问题具有极大的激励作用。

（2）为多元解读而生成。《语文课程标准》指出:"语文课程丰富的人文内涵对学生精神领域的影响是深广的,学生对语文材料的反应往往是多元的""阅读是学生的个性化行为,不应以教师的分析来代替学生的阅读实践""要珍视学生独特的感受、体验和理解"。只重预设,往往忽略了多元反映,只有尊重学生的独特学习体验,才会激发学生丰富的想象力,课堂才会有灵性、有活力、有创造。

（3）为升华情感而生成。著名特级教师李吉林说:"教学若要成功,需以情感为纽带。"情感的培育需要结合具体的语言文字情境,情感共鸣与升华需要共振点,捕捉到了情感的生成点,才能打动学生的心灵,触动学生的真情实感。

（4）为指导学法而生成。学习方法是不能凭空传授的,学法的指导应渗透于学习与应用语言文字的实践中,学习过程中的生成往往为领悟学法提供具体的情境。

（5）为拓宽知识而生成。利用生成,开阔视野,增长见识,丰富学习内容,开拓学习领域。

案例一：

在教学《祁黄羊》一文时，当引导学生通过祁黄羊先后推荐杀父仇人解狐和自己的儿子的事例，体会到了祁黄羊出于公心，内举不避亲、外举不避仇。在学生质疑时，一名学生却提出了相反的意见——"老师，我认为祁黄羊很狡猾，明知解狐要死了还举荐他，然后再举荐自己的儿子，让别人认为他是一个公正的人"。一石激起千层浪，部分学生也跟着附和起来。虽然学生的观点与文本的价值取向不同，但教师没有轻易否定，把问题巧妙地抛还给了学生："你同意他的意见吗，请读读书，找到自己的依据。"几分钟以后，学生畅所欲言。

生一：课文中"祁黄羊想了想，又郑重地说"，说明他对待这件事很认真，不是早就想好了的，是出于公心。

生二：课文的第一、二段告诉我们，当时国家之间战乱频繁，中军尉职责重大，关系着国家的兴亡，如果祁黄羊出于私心推荐自己的儿子，可能得不偿失，赔上儿子，还会使国家灭亡。

生三：祁黄羊推荐解狐时不知道他会生病去世，如果出于私心，他可以直接推荐自己的儿子。

生四：从祁黄羊的话中可以体会到，他想的只是谁更有军事才能，能够担当重任，我们不能以小人之心度君子之腹。

辩论让学生重新深入文本，加深了理解。这种做法既尊重了学生的独特学习体验，又形成了正确的价值取向，课堂迸发出了灵性与活力。

案例二：

在上完《两个鸟蛋》一课后，教师见学生还是兴致勃勃，就利用最后几分钟让学生谈谈学习完课文后的感想。一个学生站起来背了两句白居易的诗："劝君莫打枝头鸟，子在巢中望母归。"老师一听，这首诗写得多好啊，于是就让大家展开一番讨论，于是大家从莫打枝头鸟谈到鸟妈妈怎样照顾小鸟，又谈到了自己的好妈妈。这时，一名学生突然站起来说："我们的妈妈就像是鸟妈妈，我们都是鸟蛋。"大家听了哄堂大笑，老师没有轻易否定，就问他："你为什么这样说呢？"这名学生一本正经地说："我们现在还小，很容易被坏人骗走，如果被坏人骗走了，我们的妈妈不是要像鸟妈妈一样焦急不安吗？"学生们听了，恍然大悟：噢，我们都是"鸟蛋"。试想，如果教师没能抓住这首诗及这个生成性因素好好展开，我们能听到这发自心灵的声音吗？能享受到这份对生命的感悟吗？

案例三：

在学习《夜宿山寺》这首古诗时，初读、再读、三读课文后，教师请学生说说诗句中写了哪些事物，并根据自己的理解画一画。教师在巡视时发现其中一幅有问题的画，画的是星星、月亮和一座倾斜得厉害的楼。教师敏锐地捕捉到这一契机，请学生们对那幅画做出评价，学生很快纠正了错误，从而让学生正确地掌握了诗句中"危"字的正确解释不是"危险"而是"高"。经历了这一过程，学生对诗句的理解更加深刻。

"问渠哪得清如许，为有源头活水来"，教学资源就是学生语文综合素养提高的源头活水。"生活处处皆语文"，只有努力寻求小学语文课堂有效的资源支撑，探索语文向自然、向社会、向现实生活开放，探索充分开发生成、合理利用资源，这样的语文教学才是有生命力的，才会让学生喜欢学习语文，学会学习语文，全面提高学生的语文素养，为学生的终身发展打下坚实的基础。

八、课题研究的过程

《小学语文教学资源的开发与利用研究》课题研究共分三个阶段。

（一）2011年5月—2011年10月，准备阶段，确立实施方案及子课题、着手实验阶段

成立课题研究领导小组和课题研究小组，将课题的研究工作纳入学年整体工作计划以及学校教育科研工作计划。成立了以于新良为组长的课题研究领导小组，使课题研究活动获得了强有力的行政支持。根据教研组的推荐和评估，确定了课题研究小组。课题组成员的构成主要以中青年教师为主。

明确实验目标，确定实验研究任务。召开了课题组成员会，更新观念、统一认识、明确研究的目标重点。通过课题研究前的理论学习和培训，明确了课题研究的方向，并撰写课题研究方案，确定了研究的子课题。课题组成员经过理论学习和技术培训，以及与课题相关的文献研究，对课题研究有了更明确的认识，合理地规划了课题研究的时间安排和课题研究的具体任务。把教科研工作与常规教学、教研工作紧密结合，使课题实验工作达到研究的规范化。

（二）2011 年 11 月—2013 年 3 月，深入研究阶段

探索小学语文教学资源开发与利用的策略，关注课堂生成性资源的利用，每学期组织一次以上课题研讨会，汇集优秀案例、论文。

课题组努力在提高课题研究的针对性和实效性上下功夫，坚持课题研究与课堂教学相结合、与教师的学习培训相结合、与常规性教研活动相结合的原则，通过课题研讨会、邀请专家到校指导，提高教师的学习、研究、反思能力，促进教师的专业化发展。

2012 年 4 月 1 日，晓望小学举行了"小学语文教学资源的开发与利用研究"课题开题报告会。青岛市市教科所所长于立平、马建华老师，区教体局苑力勇副调研员、董宝明主任等应邀参加报告会。通过课题开题报告、课题组成员的研讨沙龙、课堂教学展示和观看课题前期的材料展示，领导专家们对我校的教科研工作给予充分肯定，并提出了殷切的期望。

2012 年 12 月 20 日，晓望小学举行了中国教育学会"十二五"重点课题"小学语文课程资源的开发与利用研究"研讨会。研讨会中，刘亚超、王爱玲老师分别从课堂资源与生活资源的开发与利用两大方面进行了课例展示，课后老师们进行了精彩的互动评课，老师们畅所欲言，或收获或感悟或建议，不仅出课教师，所有的听课教师都受益匪浅。

在研究过程中，晓望小学先后邀请了青岛市小学语文教学专家张兴堂老师、崂山区教研室韩玉兰老师到校指导，先后举行了姜丽华、刘晓丽、张玉秀、王爱玲、刘细细等老师的公开课。

为了积累课题研究材料，课题组建立了课题研究记录、课题组成员外出培训记录、课题组成员荣誉册、学习笔记等。每学期初召开课题组成员会，对新学期的研讨重点进行统一布置。学期末课题组成员整理上交相关材料，及时归档。课题组成员先后赴南京、济南、北京等地听课学习。

（三）2013 年 3 月至今，实验总结阶段

制订了关于结题工作的计划，召开了由全体课题组教师参加的结题工作会议，布置了有关的任务。

撰写"小学语文教学资源的开发与利用研究"的实验报告，并对课题研究情况进行总结、提炼。

整理课题资料,主要包括课题研究报告、课题研究论文、研究课例、课件等,形成成果集《小学语文教学的源头活水——资源开发》。

组织课题研究公开课,在街道、区内推广课题实验成果。

九、课题研究对学校、教师所产生的作用及进一步思考

课题研究提高了教师的研究反思能力,提高了教师的课堂教学水平,培养了一批具有科研能力的骨干教师,促进了教师的专业化发展。两年的课题实验,课题组成员对小学语文教学资源生成的意识与能力明显提高了。生活资源、读书资源的开发与利用,使语文教学内容更加充实厚重,密切了语文与生活的联系;对课堂教学资源的关注与利用,使语文课堂充满了智慧与挑战,更加灵动与美丽,教师的教学机智、教育艺术性增强了。

课题研究让校园书香四溢。在开发利用小学语文教学资源的思想指导下,经典阅读、亲子共读、师生共读一本书、读书征文比赛、师生美文诵读、古诗文诵读等一系列活动,使校园到处弥漫着书香。学生爱读书、多读书、读好书蔚然成风,读书的质与量提高了,语言积累厚实了,语文能力提高了,而且综合素质也有了明显提高。

课题研究以来,课题组负责人于新良被评为青岛市基础教育课程改革先进个人、青岛市教学能手;江美菊、姜丽华被评为青岛市青年教师优秀专业人才,姜丽华老师的文章发表于《小学语文教师》,于新良、江美菊老师的文章发表于《青岛教育》,课题组成员的20余篇论文在山东省教科研成果大赛中获奖。

虽然课题实验取得了明显的成效,但我们对此有清醒的认识,也做了一些深入的思考。

小学语文教学资源的开发是无止境的,需要不断挖掘新的资源,不断为语文教学注入活力。

课堂生成资源的把握与利用,不仅是教学方法问题,更是一种教育机智,涉及教师的知识、技能、态度等各方面。应正确处理预设与生成的关系,只有在充分预设的基础上才会有顿悟,只有厚积才能薄发,只有经过艰辛的努力才会有美丽的生成。营造智慧课堂、生命课堂,我们任重而道远。

开发语文教学资源,需要教师有一种冲破考试评价束缚的勇气,需要一种坚持不懈的执着精神,即不为眼前,而着眼于学生语文综合素养的提高,着眼于

学生的终身发展。不仅要让学生跑得快，更要让学生跑得远。

【参考文献】

[1] 陶行知. 陶行知全集(第 2 卷)[M]. 长沙：湖南教育出版社, 1985.

[2] 钟启泉. 教学机智论 [M]. 上海：华东师范大学出版社, 2008.

[3] 于伟. 现代性与教育 [M]. 北京：北京师范大学出版社, 2006.

[4] 雅克•德洛尔. 教育：财富蕴藏其中 [M]. 北京：教育科学出版社, 1996.

[5] 徐继存, 段兆兵, 陈琼. 论课程资源及其开发与利用 [J]. 学科教育, 2002
（02）：1-5, 26.

构建优良教育生态，让每一个儿童得到最优发展

——中国教育学会"十三五"科研课题《生态教育发展学生核心素养实践研究》结题报告

一、问题的提出

(一) 研究的政策依据、理论依据、实践依据

1. 政策依据

2016 年 9 月，中国学生发展核心素养发布，以培养"全面发展的人"为核心，分为文化基础、自主发展、社会参与三个方面，综合表现为人文底蕴、科学精神、学会学习、健康生活、责任担当、实践创新等六大素养，具体细化为国家认同等 18 个基本要点。

党的十九大报告指出："生态文明建设功在当代，利在千秋。""要牢固树立社会主义生态文明观，推动形成人与自然和谐发展的新格局。""努力让每个孩子都能享有公平而有质量的教育。"

教育是面向未来的事业，构建有利于学生全面、健康、可持续发展的优良教育生态，培养儿童适应终生发展、社会发展需要的必备品格和关键能力，是学校教育永恒的追求。

2. 理论依据

1976 年,美国哥伦比亚大学师范学院前院长克雷明在其所著《公共教育》一书中正式提出了"教育生态学"这一术语,把教育看成一个有机的、复杂统一的生态系统。1983 年,汉密尔顿提出学校生态学研究的四条标准:一是将教学视为连续的互动过程而不是一套分散的输入和结果;二是将行动者(教师、学生、管理者、家长及其他人员)的态度和感知视为学校和课堂中的重要资料;三是关注人与环境之间的互动;四是不仅要考察即时环境下人与环境互动,还要考察家庭、社区、文化以及社会 - 经济系统对这些互动的影响。华盛顿大学的古德莱德首次提出学校是一个"文化生态系统",要从管理的角度入手,统筹各种生态因子,以建立一个健康的生态系统,提高办学效率。

我国的教育生态研究起步于 20 世纪 80 年代。南京师范大学吴鼎福 1988 年发表《教育生态学刍议》,并于 1990 年出版了我国第一本教育生态学专著,将生态学原理运用于分析研究教育问题。1992 年,由任凯和白燕两位研究者撰写的我国第二本教育生态学专著出版,重视借助生态学原理与方法深入地分析教育现象。进入 21 世纪以后,对教育的微观研究才渐渐多起来,范国睿主编的《共生与和谐:生态学视野下的学校发展》,运用生态学原理,从学校的制度生态、组织生态、文化生态等方面探究学校的生态化发展;孙芙蓉博士的《课堂生态研究》将研究的视角指向了学校教育的主渠道——课堂教学。

3. 实践依据

我国基础教育阶段进行生态教育探索虽然起步较晚,但在这种先进教育理念的指导下,许多学校取得了明显的办学效益。如深圳小学开展的"生态教育的行动研究";上海市金洲小学的"现代生态校园建设";松滋市实验中学以"优化生态环境,提升生命价值"的办学理念为价值引领,实现师生与学校的共同发展。山东省莱州市双语学校等学校都开展了生态教育的研究,学科教学打造生态课堂的研究也比较多。

现实教育生态中有太多的失衡现象,生态学的思维方式对教育有现实的启发意义。教育资源不均衡、学生课业负担沉重、学生体质水平下降、应试教育大行其道等现象违背了正常的教育生态,不符合教育规律和学生身心发展规律。培育优良的教育生态,让教育回归自然,让学校生态发展,让课堂焕发生命的活力,已成为时代对教育的呼唤。

晓望小学位于风景秀丽的崂山北麓,所处的自然环境得天独厚,校园绿树成荫,花繁叶茂。学校注重学生的环保教育,开展了形式多样、丰富多彩的环保专题教育活动,在环境教育、绿色教育方面取得了突出的成绩,先后创建为青岛市花园式学校、青岛市和山东省绿色学校、山东省环境教育基地,获得国际生态学校绿旗荣誉。环保工作的终极目标是实现可持续发展,教育的本质也是为了学生的健康、全面、可持续发展。为了进一步打造优质特色学校,晓望小学结合自身优势和面临的问题,确立了培育生态教育特色学校的目标,将环保教育理念提升为统领学校教育教学实践的核心理念,即生态教育理念。

(二) 研究主题的本质

让教育回归自然,让生命焕发活力,是生态教育的原有之意。生态教育遵循"教育即生长,生活即教育"的原则,给予学生成长的时间和空间,为学生健康成长、全面发展提供更多的机会和选择,顺应儿童的天性,开发他们的潜能,激发他们的兴趣,让每个儿童能够绽放生命的活力。

"生态教育"是以教育生态学理论为指导,致力于创设有利于学生、教师、学校可持续发展的优良教育生态,充分发挥校园内外各种教育生态因子的作用,为学生提供适合、适时、适量的教育,发展学生核心素养,促进学生全面、健康、主动、可持续发展。

(三) 研究课题的界定与假设

在《现代汉语词典》(第 7 版)中,"生态"指的是生物在一定的自然环境下生存和发展的状态。"生态学"是研究生物之间及生物与非生物环境之间相互关系的学科。

教育生态学是将教育及其生态环境相联系,并以其相互关系及其机理为研究对象的一门新兴学科。"教育的宏观生态研究以教育为中心的各种环境系统,分析其功能以及与教育、人类的交互作用关系,以寻求教育发展的方向、教育应有的体制以及应采取的各种对策。教育的微观生态则缩小到学校、教室、设备乃至座位的分布对教学的影响,包括课程的设置目标、智能、方法、评价等微观系统分析,也缩小到家庭的亲属关系,学校的师生关系、同学关系,乃至学生个人的生活空间、心理状态对教育的影响。"

根据"生态"的解释,可以试着给"学校教育生态"界定一个简单的概念,即在一定的教育环境和校园文化中,学生、教师生活、发展的状态。理想的学校教育生态是:教育环境优良,人际关系和谐,校园文化向上;教师队伍团结协作,爱岗敬业,专业化程度不断提高;学生体质得到增强,人格逐渐健全,基础知识扎实,创新精神和实践能力不断提高,核心素养得到发展。

本课题的研究领域是小学生态教育,把学校作为一个独立的教育生态系统,是教育的微观生态研究。狭义的生态教育同环境教育、可持续教育相关联,是以生态环保知识为内容,以提高学生的生态环保意识、保护地球生态环境意识为目的。本课题中的"生态教育",也可称为"生态教育",是以教育生态学理论和可持续发展观为指导,研究如何创设有利于学生、教师、学校可持续发展的优良教育生态。

二、研究目标

本课题的研究目标是发展学生核心素养,培育有利于学生、教师、学校可持续发展的优良教育生态。以生态教育作为统领学校教育教学实践的核心理念,针对小学教育中存在的生态失衡现象,以生态学的视角审视教育,将校园、课堂都看作一个个生态系统,致力于打造优良教育生态,探索具有校本特色的生态教育体系和育人模式,形成学校、家庭、社会齐抓共管的生态合力,努力为学生创造丰富多彩的校园生活,提升师生的校园生活品质,实现教师专业化水平和学生核心素养的共同提高。

(1)培育生态文化浓厚、生态环境优美、充满朝气、蓬勃向上的生态校园,让环保意识、可持续发展理念深入师生脑海;

(2)构建有利于学生健康成长、教师专业发展的和谐共进、健康向上的教育生态,形成民主平等、教学相长的和谐师生关系,形成学校、家庭、社会齐抓共管的生态合力;

(3)形成生态课程体系,形成富有学科特色的生态课堂教学模式和育人模式,培育教学新生态,发展学生核心素养,提高学校育人质量。

三、研究队伍与研究对象

课题负责人于新良是青岛市教学能手、青岛市基础教育课程改革先进个人、青岛市名校长、高级教师,有丰富的教科研经历,先后主持了中国教育学会

"十二五"课题、山东省教育科研规划课题,课题研究成果由青岛出版社出版。课题组成员包括晓望小学、姜哥庄小学等学校的领导干部、中青年骨干教师,其中有多名高级教师。

本课题以青岛市崂山区晓望小学、姜哥庄小学、石老人小学三所小学为研究对象,将校园、课堂、班级看作一个个生态系统,充分发挥学生、教师、环境、设施设备等生态因子的作用,致力于培育有利于发展学生核心素养、促进教师专业化成长的优良教育生态。

四、研究方法

(一) 科研方法选定与应用范畴

1. 文献研究法

收集了解国内外此类课题研究状况及成果,学习教育生态学理论,为课题研究提供理论支撑。

2. 行动研究法

举行生态教育教学研讨会、现场会等,引导教师学习、实践、反思→再学习、再实践、再反思,理论与实践螺旋往复上升,探索生态教育规律。

3. 案例研究法

引导教师以案例研究作为切入点,通过一个个真实、鲜活、生动的案例研究来丰富课题内容,推进研究进程。

(二) 课题研究路径

成立课题研究领导小组和课题组→邀请青岛市教科院领导、崂山区研训中心专家进行开题论证→确定子课题及负责人→开展课题研讨活动,推进课题研究→课题研究中期评估→举行课题研讨会→进行课题总结,举行教学公开课、现场会→课题总结,形成论文、课题研究报告→邀请青岛市教科院、崂山区研训中心专家结题。

(三) 使用的科研技术手段

1. 经验总结

2. 问卷调查

学生、家长满意度调查。

3. 大数据分析

学生的学业成绩、学生体质检测成绩、艺术素养测评成绩大数据分析。

五、研究内容和过程

（一）深度推进课程与课堂教学改革，构建内容多元、互动高效、焕发生命活力的教学新生态

1. 推进生态课程建设，实施多元课程，实现特色发展

生态课程以教育生态学理论为指导，以构建能够满足学生多元发展的生态课程体系为目标，开齐开足国家课程和地方课程，开发开好校本课程，精心组织每一次教育活动，精心布置每一处文化景观，让每次活动、每一处景观都成为课程。

（1）构建以基础型课程、拓展型课程、活动型课程组成的课程体系。

基础型课程即国家课程，为学生提供的就像是人体必需的蛋白质、维生素等基本营养。以"开齐开足、减负增效、夯实基础、提高质量"为重点，认真抓好集体备课、作业批改、单元检测、质量分析等环节。

拓展型课程即地方课程，是按照"身土不二"的观点为学生提供的地方口味。有环保教育、海洋教育、科技教育、心理健康教育、安全教育、经典诵读、螳螂拳武术操等课程。如晓望小学依托地处螳螂拳的发源地——华严寺景区这一得天独厚的条件，与螳螂拳第八代传人王兴来先生合作，精心编排了一套螳螂拳武术操，面向全体学生进行普及推广，举行了全校螳螂拳武术操大赛，获得了青岛市阳光体育案例评选二等奖，晓望小学被确定为崂山区非物质文化遗产传承基地。

活动型课程主要是学生的社团活动，是个人口味，实行自助餐形式。每周三下午设置"七彩学堂"，剪纸、乒乓球、电声乐队、口风琴团、舞蹈团、合唱团、毛线画、贝雕、书法、美术、茶艺表演、经典阅读等近三十项课程同时开课。电声乐队、剪纸、乒乓球、螳螂拳全部聘用专业教师进校指导。活动成果每年在庆祝六一儿童节大会暨艺术节开幕式上进行全面展示。晓望小学艺术教育成绩斐然，学校舞蹈团连续多年获得青岛市艺术节一等奖。课本剧《新编小红帽》获得青岛市"红领巾心向党"课本剧大赛金奖。学生诵读表演的节目《古韵童趣》《中秋吟诵》分别获得青岛市经典诵读比赛二等奖、崂山区中秋诵读一等奖。

基础型课程、拓展型课程、活动性课程不是互相独立的,晓望小学加强了课程整合的研究,比如整合了科学课程和地方课程《蓝色家园》中关于环境教育的内容,整合了品德与生活课程与校本课程《走进崂山》的内容,还整合了综合实践课程与海洋教育校本课程的内容等,提高了教师实施课程的能力。

(2)树立大课程理念,生活处处是课程。

第一,学校的每一处场所、每一个景观都是课程。学校是育人的场所,因此校园的建筑、景观都应该是精心设计的。校园物质文化、环境文化潜移默化地影响着身处其中的每一个成员。走廊文化、教室文化、宣传栏、黑板报、校园的每一面墙壁都能说话,每一棵花木都含情,每一处景观都蕴含着深刻的寓意。

第二,学校的每一次活动都是课程。每年的艺术节、体育节、读书节、科技节都是课程,每一次德育活动、比赛活动都是很好的课程载体。校园小主持人大赛、古诗文诵读大赛、中华传统美德故事比赛、海洋故事创编大赛,这些活动都有明确的目标、具体的方案,每一次都让学生经历搜集资料、精心准备、展示评比、拓展学习的过程。

第三,聆听窗外声音,生活处处是课程资源。邀请校外人员进校作报告,如在某一方面取得成就的人才、各行各业的佼佼者、品德高尚的平凡人、专家学者,让学生更多地聆听窗外声音。组织学生走出校门,走进大自然,走进科研院所,走进社区,开展研究性学习和实践活动,增长知识和才干,提高能力和水平。

第四,教师是最直接、最重要的课程资源。教师的旁征博引、教师的思想观点、教师的人品智慧,每天影响着学生。有课程智慧的老师,善于抓住教育教学过程中生成的资源,善于捕捉生活中稍纵即逝的教育契机,在传道授业的同时启发思考,启迪智慧,引领人生。从一定程度上说,教师能走多远,学生就能够走多远。

2. 加强生态课堂研究,以课堂教学改革推动课程改革的深入实施

遵循"夯实基础、搭建平台、同伴互助、课题引领"的教师发展思路,坚持"重课堂、重质量、重育人"的教师发展导向。致力于实施"六学三导"生态课堂模式,通过学生"预习学、尝试学、合作学、展示学、实践学、拓展学"和教师"激趣导学、引领导法、运用导练",以生命、生成、生活、生动为关键词,提倡先学后教、多学少教,采取自主、合作、探究的学习方式,尊重差异、尊重规律,顺

应天性,保护求知欲和好奇心,培养善于求异、善于创新的思维品质,提高学生的学科素养,建设民主、和谐、教学相长的师生关系,实现"学生自主,生动活泼,高效低负,每天进步"生态课堂目标。各学科探讨具有学科特色的生态课堂教学模式,开展课例研究和集体备课,不断提高课堂教学效率。

从生态的角度,当下的课堂生态存在很多问题,如学生学习内容脱离生活、脱离社会;教师专制、教师霸权现象;教学环境、教学设施的运用不够充分或不够合理;课堂上学生人数太多、学生座位安排不合理。针对以上现象,晓望小学遵循生态教育理念,探索了"六学三导"生态课堂基本模式,致力于打造高效课堂、生命课堂、智慧课堂,让课堂教学焕发生命的活力。

(1)"六学三导"生态课堂基本内涵。

生态课堂是由教师、学生、环境、教学内容等构成的具有生命活力的生态系统。在这个系统中,学生是学习主体,通过师生互动、生生互动,各类教学设施发挥作用,学生在宽松民主的氛围中保持态度积极主动、潜能不断开发、素质全面提升的自然发展状态。生本、生成、生活、生动是生态课堂的基本形态。

"六学三导"生态课堂中的"六学"指学生的"预习学→尝试学→合作学→展示学→实践学→拓展学","三导"指教师"激趣导航、引领导法、运用导练"。该模式的指导思想是充分落实学生的学习主体地位,坚持先学后教、多学少教,把课堂还给学生,把时间还给学生,着眼点在学生的学。教师只在必要时引导,作用体现于导航、导法、导练。

(2)"六学三导"生态课堂模式基本操作流程。

第一阶段——"不愤不启,不悱不发",学生自主学习、独立思考阶段。课前预习学,课堂尝试自学,教师进行"激趣导航"。

① 预习学。

教师科学设计预习任务卡,学生提前预习。预习任务卡是学生课前自主学习的良好凭借,呈现出自学的基本任务,教师应该精心设计。

检查落实预习任务卡的完成情况。可以是课前检查,也可以在课堂上落实,培养学生良好的自主学习习惯,为提高课堂教学效率打好基础,同时提高学生自学能力。

② 尝试学。

教师创设情境,激发兴趣,通过设置悬念、启发谈话,或通过预习质疑,师生共同梳理出有价值的、能够体现学习重点的问题。

学生围绕重点问题自主尝试学习。尝试学习的时间要充分,鼓励独立思考。教师要相信学生,正如邱学华老师所说:"学生能尝试,尝试能成功。"

第二阶段——"百家争鸣,百花齐放",合作学习、展示提高阶段。学生在尝试的基础上合作解决问题,通过展示反馈学习情况,教师"引领导法"。

③ 合作学。

以小组合作的方式,围绕尝试学习的重点问题讨论交流学习情况。学生自己解决不了的问题在小组中讨论,同伴互助。采取科学有效的合作学习方式。合作的方式可以是师徒制,学生师傅带学生徒弟,也可以是四人或多人小组学习,组内分工协作,提高合作能力。当学生能够自己解决问题时,教师退居幕后,经过小组合作学习还不能解决的问题向老师提出。

④ 展示学。

展示是生态自主课堂的精髓。展示学是学生个体或以小组为单位在全班进行的学习成果汇报。教师创设宽松和谐的课堂教学氛围,形成人人参与讨论、展示的机制,鼓励更多的学生到台前展示,做到落落大方、思路清晰、声音响亮,培养每一名学生的自信心,提高他们的表达能力。学生展示的过程中教师要给予及时精准的点评、指导、提升,渗透学法指导。

第三阶段——"举一反三,触类旁通",实践运用、拓展练习阶段。学生运用收获的学习方法和学习技巧进行实践训练,并突破教材向生活、向社会延伸学习,教师"运用导练"。

⑤ 实践学。

"纸上得来终觉浅,绝知此事要躬行",学生通过新授习得了方法之后,只有通过及时的巩固运用才能加深理解。教师精心设计具有层次性与典型性的练习题,由浅入深抓落实,学以致用巧训练。练习要有坡度、深度和广度,练习的量要适当且必要,注意落实到笔头。

⑥ 拓展学。

结合教材新授内容,适当拓展扩思路。生态课堂强调课堂学习与社会、生活密切联系。扩展训练时应该向书本外拓展,向校外拓展,向生活拓展,密切联系学生的生活经验,及时把握时代发展的脉搏。

在学生学习的基本流程中,教师要进行高位引领,激趣启发、学法指导贯穿整个课堂。教师适时指导学生总结提炼学习方法、学习规律,指导学生如何有效预习,如何分工合作,如何理解概括,如何思考分析等,着眼于学法指导,致力于能力培养,不断提高学生提出问题、分析问题、解决问题的能力。

以上是"六学三导"生态课堂基本模式。但教学模式是死的,人是活的,只要把握住生态课堂的本质,完全可以根据不同学科、不同学段灵活运用,每节课"六学"流程也不是一成不变,如拓展学完全可以放入第二课时。

总之,"六学三导"生态课堂是自然、真实、绿色的课堂,是有笑声、有掌声、有心声甚至有哭声的课堂,能够充分发挥学生的积极主动性和教师的启发引领作用,能够实现全面发展学生核心素养、促进学生可持续发展的生态教育目标。

(二)变革班级管理,培育适合学生健康成长、主动发展的班级新生态

班级是由教师和学生共同组成的完整的生命场,是学生学习、生活、发展的直接环境和由自然人成长为社会人的重要场所。青岛市崂山区姜哥庄小学秉承"让每个孩子扬起希望的风帆"的办学理念,聚焦班级这一微观生态系统,致力于培育适合学生生命舒适成长、主动发展的班级新生态,创造快乐、充实、有意义的高品质集体新生活,促进学生全面、主动、可持续发展。

1. 变革班级组织,推进自主管理,培育主动、自觉的班级文化生态

在班级这一微观生态系统中,学生是班级生活的主体,班主任是引领者、主导者和参与者。优良的班级生态会让生活其中的每个成员得到自由、蓬勃的发展。姜哥庄小学把构建民主、平等、和谐的师生关系作为优良班级生态的主要标志,确定了"尊重主体性、发挥主动性、培养自育力"的班级工作理念和"为了学生、相信学生、依靠学生"的工作原则,把班级的组织权、管理权、选择权还给学生,唤醒学生内在的生长动力,让班级充满成长的气息。

班级组织变权威命令为民主参与。改变班干部由班主任任命和班干部固定制,每学年初进行隆重的班干部竞选,按照报名、竞选演讲、民主投票的程序,让每一个学生经历公平竞争、行使自身选举权的过程,从小培养小公民意识。在此基础上,实行值周班长制,人人有发挥自身才能为班级服务的机会,人人体验当班干部的酸甜苦辣。每个班级在学年初由学生共同讨论、形成有利于每一个学生发展的班级公约,每个人都是约定的制定者,当然也应该是遵守者、维护者,当学生违反纪律时,班级的任何一名同学都可以依据班级公约提出批评。班级管理减少了强制性,不再生硬,不再冷冰冰,具有了感情的温度和人性

的光辉。

班级管理变被动遵守为主动尽责。实行班级小岗位责任制，人人都是"小主人"。书包管理员、图书角管理员、"黑板美容师""植物小管家"等，每个岗位的命名、职责的约定，都蕴含着学生的智慧，激励着学生的成长。每一名学生负责一个岗位一学期的时间，在坚持不懈地完成一项任务的过程中增强责任心。班级中各项工作都由学生"承包"下来，学生真正成了管理自己的主人：每次班集体有重大活动时，班级摄影师总是跑前跑后，抓拍镜头，整理照片，一个个小摄影师得到成长；每天清晨，古诗文领读员带领同学诵读古诗，为了胜任工作，他们需要查阅资料、提前背诵；班班通管理员，总会在老师上课前及时开启设备，并在使用后及时关掉设备……自己的事情自己做，集体的事情一起做，每一个学生都重视自己的班级角色，每一个学生面对班级都能自信地说："我很重要！"从而实现了两个育人目标：树立自信心、增强责任感。

班级文化变单调统一为生动活泼。班级的精神文化方面，班名、班训、班徽、班歌的确定都由学生完成，各个班级结合学校海洋教育特色命名了极具特色的班名，如剑鱼班、海星班、海贝班、海豚班，每当有学校的班级比赛活动，响亮的班训和嘹亮的班歌就会响起。把班级环境布置的权利还给学生，每一期班级文化建设，师生在互动中对班级中的每个角落进行设计，划分版块，学生自主招标，对中标版块进行创意布置，每一面墙壁、每一个角落都能看到学生的书法、绘画、习作、手抄报、创意作品展示。每月一次的"班级之星""优秀小组""进步之星"评比，更是大大激发了学生争先创优的热情，每一名学生都力求"做班级里最美的一片叶子"。这样的氛围下，每一名学生都有展示自我的机会，每个个体都在展示自我中实现与他人的碰撞与学习，在共生共长中促进生命更好地觉醒。

2. 开设班本课程，转变学习方式，提升班级学习生活品质

为了让课程更好地满足学生个性化成长需要，姜哥庄小学实行校本课程班本化，把学校社团之外的校本课程开设权力下放到班级，由班主任协同任课教师，基于本班学生发展需求，整合各种教育资源开设班本课程，以课程的多样化为学生的个性化发展提供更多的选择。

班本课程需要学校课程中心审核批准后实施，负责人要进行课程开设论证，有课程开设目的、课程内容安排、课程成果评价等。每周三下午两节课，如低年级的绘本阅读、经典诵读,中年级的成语故事、辩论,高年级的英语经典诵读、演讲课程,还有体育、艺术类的课程,口风琴、竖笛、剪纸、茶艺等都是班本课程的内容。除了固定的班本课程,姜哥庄小学统一要求各班开设课外阅读课程和场馆学习课程。每个班级确定每学期的课外阅读必读书目、选读书目,至少共读三本书,教师通过课外阅读导读课、推进课、展示课,引导学生深度阅读,提高课外阅读的质量。六年小学生活结束时,学生仅班级共读的书目就超过三十六本。各班自行确定场馆学习课程时间,到姜哥庄小学附近的青岛博物馆、国家海洋局第一研究所的大洋样品馆、地震科普馆参观学习,每次学习提前确定主题,与场馆工作人员取得联系,有专题讲解与现场体验,学生参观后形成学习体验报告。

家长课程也是班本课程之一,目的是联结家长资源,为班级的学生打开另一扇学习的窗户。王老师所在的班级,学生来自全国各地,不同地区、不同民族的生活经历,对学生来说就是一个真实、宝贵的"学习场"。寒假结束后,小王同学的爸爸上了一节别开生面的实践课——"南北元宵大比拼",从元宵的来历、馅料、制作、食用方法等方面为大家带来一场元宵盛宴,学生们在交流中增进了对中华传统文化的理解,在自己动手制作的过程中升华了对家乡和第二故乡的情感。

推进课程实施理念和班级学习方式的转变,充分体现学生主体地位,坚持学生立场,课堂重心下移,把时间还给学生,把方法教给学生,追求生态、高效课堂,以生命、生成、生活、生动为关键词,注重创设真实的问题情境,注重发展学生高阶思维,注重学科知识体系、基本规律和原理法则的学习与运用。特别强调小组合作学习、展示学习。其中的"合作学"环节注重合理分配学习小组,关注不同层次的学生,小组内分工明确,合作互助,让每一名学生都有发表观点的机会。"展示学"环节鼓励学生面向全班同学交流展示自己的学习思路、学习成果,鼓励发散性、批判性思维,尊重学生的独特体验和感受。课堂因此焕发出生命的活力,形成了有笑声、有掌声、有辩论声、有心声的课堂学习特色。

3. 丰富班级活动,挖掘育人价值,实现共生共长

班级不仅是学生学习的场所,更是学生生活、成长的乐园。丰富的班级活动赋予童年生活更多的意义和更亮丽的色彩。班级活动中的学生学习是综合性的学习,也是更具生命性的学习。姜哥庄小学重视学生班级活动的全员、主

动参与,通过"活动创设""活动实施"和"价值提升"三条主线,最大限度地吸纳学生参与活动主题选择、方案设计、组织分工等环节,班级活动真正成为学生的事,活动全程发挥了最大育人价值。

班级活动与四季活动融通。结合地域及节气特点,开展"探春""嬉夏""韵秋""暖冬"系列活动,组织了崂山特色资源研究、二十四节气习俗探究等活动。如春季张宏杰老师的"品尝春天的味道"和李荀老师的"春天的瑰宝——野菜"两节班队会,主题聚焦,贴近生活,引导学生观察实践、合作探究、汇报展示,学生在充实快乐的活动中增长了才干。王宁老师的"小队是一家"、孙迪老师的"六一活动策划"融入多种学科资源,充分激发学生参与的热情。到了秋季,教师们引导学生用观察日记、树叶画等形式将自己对季节的美好感受记录下来,并结合中秋、重阳、国庆等节日,开展经典诵读等系列"我们的节日"活动,学生收获满满。冬季,各班举办"生活节",依据学生成长需求,充分挖掘日常生活中的教育资源,低年段是生活自理能力训练,中年段是变废为宝手工制作,高年段是冬季科学现象探究,学生有实践、有发现、有感悟、有成长。

班级活动与假期生活融通。姜哥庄小学组织学生开展"一班一菜单"假期实践活动。学生、学科教师积极参与到假期活动的设计中,每项活动不是单一学科的参与,而是多学科整合。寒假中五年级二班的"小小理财师"活动,引导学生在寒假期间和家人一起准备年货,对开销做出统计分析,对压岁钱的使用进行探讨,整个活动中语文、数学、传统文化、道德与法治等多学科共同融入,对学生的理财意识培养、家庭责任担当都有很好的促进作用。暑假中辛老师班学生形成了六个项目组,分别承担了走进石老人观光园、快乐足球、安全宣讲员、谁不说俺家乡好、好书漂流、爱心小栈——与贵州小朋友手拉手等任务,假期结束,学生们不仅带回了可视的成果,而且与人交往、沟通能力得到了提高,原来那些不自信的学生眼里都有了不一样的光芒。每个寒暑假结束后一周内,姜哥庄小学都会组织各班学生开展项目汇报(团体、个人),并在校园中开辟专栏展示优秀作品,学生们在充满趣味、新味的活动中全面发展。

班级活动坚持"一个都不能少"的原则。践行"通过集体教育、在集体中成长"的教育原则,春游实践、场馆学习更加关注特殊家庭儿童、学习落后儿童、行为偏差儿童等相对弱势的学生群体。姜哥庄小学的红歌会、素质技能运动会展示、合唱比赛等班集体活动,要求每一名学生都要参与。当一些特殊孩子的动作、语言没有合拍，并不会影响班级成绩，反而会赢得鼓励的掌声。另外，班级活动秉承扬长激潜原则。每个班级的吉尼斯大赛是常规活动，由教师、学生、家长代表组成的评选委员会负责班级吉尼斯纪录的认定，比赛既有学校的传统项目，包括一分钟跳绳、古诗文背诵、仰卧起坐、足球颠球、识字量等，也有学生自主申报的项目，更多的学生在活动中找到了自己的精彩和快乐！

（三）变革学校管理，营造有利于激发干部教师生命自觉的管理新生态

教师是学校最重要的人力资源。姜哥庄小学把扬长理念运用到教师队伍建设和日常管理中，加强校本研训，搭建主动发展舞台，激发每一位教职工的生命自觉，增强教师团队内驱力。

姜哥庄小学遵循"读书反思、同伴互助、骨干先行、课题引领"的教师发展思路，坚持"重课堂、重质量、重育人"的教师发展导向。深入实施铸魂工程、读书工程、青蓝工程、名师工程。创新研究机制，唤醒教师研究自觉。以"类型化"专题研究的方式推进学科育人价值的研究，做到系统化思考、长程化设计、专题化研究、序列化推进、日常化实践，追求重心下移、结构开放、过程互动、价值提升。通过"类型化"教学研究，学科教师的专业素养得到发展，形成了各学科"类型化"教学的基本策略、经验和学科教学品牌。

坚持制度立校、以人为本，走规范化、精细化、人性化管理之路。制定健全了学校制度汇编——《制度立校，人和强校》。在具体工作中牢固树立全面、全员、全程质量管理意识，使每一项工作分工具体，每一项职责明确，每一项工作精心，每一个过程精细，每一项工作都创精品。创设有利于学生形成健全人格、健康全面发展的教育生态环境。形成教师师德规范和考核细则，引领全体教职工尊重每一位学生受教育的权利，尊重每一位学生的人格，尊重学生不同的智能类型，尊重身心发展规律和学习规律，构建民主平等、尊师爱生、教学相长的和谐师生关系。

践行人本管理，重点打造和谐的干群关系、师生关系。实施以教师的价值实现为最高管理目的、以激励为主要管理手段的管理模式，通过愿景激励、情感激励、发展激励、反馈激励、活动激励等途径，使每位教职工都突显出个人价值并获得工作成就感，在工作中不断实现自我超越。新学年开学初，姜哥庄小学向全体教师发放工作意向书，了解教师自己的意愿，在充分尊重教师选择的基础上安排新学期的工作。坚持反馈激励，实行领导干部值日与值周相结合的制

度,每天清晨和傍晚,学校领导干部在校门口接送学生,已成为姜哥庄小学一道靓丽的风景;值周领导的重要任务之一是发现并以"写实"的方式记录教师中的优秀事例,在周例会上反馈。每学期召开教育教学工作表彰会议,先后有二十多位表现突出的教师面向全体教职工介绍经验、事迹。积极发挥教职工代表大会参与、决定学校重大事情的作用,在岗位聘任、绩效工资分配方案的制定实施、评优晋职等工作中,收集、听取、研究教职工的意见和建议,召开教职工代表大会,集思广益,使各项工作公开、公正、公平。

坚持管理重心下移,推行项目管理制度。梳理明确学校发展十大项目,确定项目负责人。将学校重点推进的单项工作确定为小项目,通过招标的形式确定项目负责人,签订项目责任书,组建项目团队,自主策划、自主管理和自主评价。项目管理让更多教师的优势、潜力得到发挥,于是出现了这样一番景象:数学教师指导学生获得国际科学剧大赛冠军,信息技术教师指导学生在全国七巧科技比赛中获奖,体育教师指导学生获得山东省航模比赛一等奖,美术教师指导的舞蹈获得青岛市一等奖。项目管理实现了学校教师由藏龙卧虎到龙腾虎跃的转变。

持续举行教师"卓越论坛",让更多的教师走上讲坛,分享自己的教育教学智慧,促进教师自我反思、自我成长。组织年度教师、月度教师评选,让教师不断获得成就感、价值感和职业幸福感。

六、研究结果与分析

课题研究以来,晓望小学先后荣获国际生态学校绿旗荣誉、中华优秀文化艺术传承学校、全国舞蹈教育传统学校、全国海洋科普教育基地、山东省健康示范校园、山东省远程研修工作先进单位、青岛市语言文字示范学校等。姜哥庄小学先后荣获全国足球示范学校、青岛市文明校园等荣誉称号。校本课程"走进崂山"先后获得青岛市、山东省一等奖,校本课程"走近孔孟之道""走近非物质文化"被评为青岛市精品课程。

生态教育推动了教师的专业化发展。近几年来姜哥庄小学先后承办了青岛市小学数学、小学英语、小学语文等多个学科的教学研讨会和青岛市班队会公开课,七位教师举行青岛市公开课。课题主持人于新良被评为青岛市名校长、崂山区优秀教育工作者,研究成果《小学生态教育探索》被评为青岛市优秀教科研成果一等奖,举行青岛市公开课,撰写的论文先后发表于《中国教育报》《教育家》和《人民教育》等国家级核心期刊,课题组成员刘春燕被评为青岛市名师,课题组成员多人被评为崂山区优秀教师等。

生态教育实现了学生全面、健康、可持续发展。在全国第五届中小学生艺术展演中,晓望小学的螳螂拳舞、课间舞参加了开幕式演出,面塑手工实践坊代表青岛市进行展示,晓望小学获得在新加坡举行的国际科学剧大赛冠军。在每年的崂山区学生体质检测中,学生体质及格率均在95%以上,优秀率达到45%以上。学生艺术素养测评中,课题实验学校的学生均获得优秀等级。在崂山区小学毕业质量检测中,课题实验学校的教学质量均位于前列。在每年的满意度测评中,学生家长、社会各界给予课题实验学校充分的认可,满意度达95%以上。

七、讨论及结论

生态教育构建了有利于学生健康成长、全面发展的校园新生态,创造了学校、班级全面育人新生活,学生的核心素养得到了发展,教师的专业化水平不断提高,学校的办学水平明显提升。

生态教育是符合天性的教育。学生好动,学生好奇,学生易犯错,学生各有不同的智能类型,有不同的性格特点。生态教育顺木之天以致其性,因材施教以育其人,让每一名学生充分发挥自己的优势,树立成长的信心。

生态教育是面向全体的教育。一枝独秀不是春,百花齐放春满园。生态教育尊重每一位学生的人格尊严和受教育的基本权利,有教无类,实施全纳教育。

生态教育是从容地教育。教育是爱的艺术,同时又是慢的艺术。生态教育按照每一朵花的花期静待花开,不拔苗助长,不急功近利,不陵节而施,循序渐进,不厌其烦,持之以恒。

生态教育是符合规律的教育。生态教育按照教育节律科学安排教育教学活动,遵循教育规律,遵循学生的身心发展规律、记忆规律等,提高教育教学效率,发展学生核心素养,培育健全人格。

八、有待进一步研究的问题

首先,本课题的研究以三所小学为基地,关注点是如何营造优良的校内教育生态,对小学生态教育的实施具有一定的借鉴意义。关于如何构建学校、家庭、社会协同育人机制,形成稳固的教育生态合力,有待继续深入研究。

其次,在信息时代,如何推进"教育＋互联网",如何推进线上线下融合的混合式教学,形成以学习者为中心的新的教育生态,是今后应重点研究的方向。

另外,我们所探讨的生态课堂模式只是一种基本的模式,不可能适用于所有学科、所有学段的教学,重点应该把握生态课堂的本质,提高课堂教学实效性,培养学生主动学习的意识和能力,提高学生提出问题、分析问题、解决问题的能力,发展学生的学科核心素养。生态课程也是一个不断健全、动态发展的体系,需要根据学生的发展需求、兴趣爱好进行充实,开发充足的校本课程,为学生提供适合的教育。

【参考文献】

[1]（苏）苏霍姆林斯基.帕夫雷什中学[M].赵玮,等,译.北京:教育科学出版社,1983.

[2] 曹永国.自然与自由[M].福州:福建教育出版社,2012.

[3] 陈红兵,唐长华.生态文化与范式转型[M].北京:人民出版社,2013.

[4] 范国睿.教育生态学[M].北京:人民教育出版社,2000.

[5] 李希贵.为了自由呼吸的教育[M].北京:高等教育出版社,2005.

[6] 孙芙蓉.课堂生态研究[M].杭州:浙江大学出版社,2013.

[7] 陶西平.大家不同　大家都好[M].北京:教育科学出版社,2012.

[8] 陶行知.陶行知全集(第2卷)[M].长沙:湖南教育出版社,1985.

[9] 叶澜."新基础教育"论:关于当代中国学校变革的探究与认识[M].北京:教育科学出版社,2011.